## "文化广西"丛书编委会

**总策划** 范晓莉

**主　任** 利来友
**副主任** 张艺兵
**成　员** 黄轩庄　韦鸿学　石朝雄　刘迪才
　　　　　石立民　卢培钊　陈　明　黄　俭

文化广西

——史传——

# 广西历代名人

蒋钦挥 等 编著

广西师范大学出版社
GUANGXI NORMAL UNIVERSITY PRESS
·桂林·

## 图书在版编目（CIP）数据

广西历代名人 / 蒋钦挥等编著. —桂林：广西师范大学出版社，2021.6
（文化广西）
ISBN 978-7-5598-3790-5

Ⅰ.①广… Ⅱ.①蒋… Ⅲ.①名人—传记—广西 Ⅳ.①K820.867

中国版本图书馆CIP数据核字（2021）第080878号

| 出 版 人 | 黄轩庄 | 责任编辑 | 文秋鸾　黄丽江 |
|---|---|---|---|
| 出版统筹 | 郭玉婷 | 助理编辑 | 杨昕然 |
| 设计统筹 | 姚明聚 | 责任印制 | 王增元　石玉珏 |
| 印制统筹 | 罗梦来 | 书籍设计 | 姚明聚　徐俊霞　刘瑞锋 |
|  |  |  | 唐　峰　魏立轩 |

| 出　　版 | 广西师范大学出版社 |
|---|---|
|  | 广西桂林市五里店路9号　邮政编码　541004 |
| 网　　址 | http://www.bbtpress.com |
| 发行电话 | 0773-2802178 |
| 印　　装 | 广西民族印刷包装集团有限公司 |
| 开　　本 | 1230 mm × 880 mm　1/32 |
| 印　　张 | 6.5 |
| 字　　数 | 100千字 |
| 版　　次 | 2021年6月第1版　2021年6月第1次印刷 |
| 书　　号 | ISBN 978-7-5598-3790-5 |
| 定　　价 | 28.00元 |

如发现印装质量问题，影响阅读，请与出版社发行部门联系调换。

# 前　言

◆

　　一方水土养一方人。广西地处祖国的南疆，东连广东，西与云南毗邻，东北接湖南，西北靠贵州，西南则与越南接壤，因山川形胜，峰峦奇挺、清秀峻朗而独具魅力。在漫长的历史进程中，广西以其特有的方式，呼应着中原地区各个历史时期的政治、经济、文化活动，共同推进中华文明的发展。

　　八桂大地见证着岭南历史的风云变幻，其中很多人物及其故事不仅活跃在广西各地，更是流播到岭南乃至全国。鉴古而能知今，"历史是最好的教科书"。穿越时空的隧道，我们依稀可以看到广西历史长河中的先辈们奋发图强、执着矫健的身影——

　　汉代，陈钦、陈元父子被奉为全国古文经学大师和权威。陈钦作为被公认的"左氏传人"在西汉经学界颇有地位，以至于有"左氏远在苍梧"之说，而陈元则被后人誉为"儒林之英""粤人文之大宗"，陈氏父子二人在军事、政治上亦大有作为。而东汉的士燮同样在研经学、治岭南等方面有大建树，有"南交学祖"和"士王"之盛名。唐朝时，桂林的曹邺、曹唐就在诗坛占有一席之地。明朝，文有蒋氏"兄弟尚书"，其中蒋冕官至内阁首辅，史称"理

学名臣";武有女中豪杰瓦氏夫人,率军远赴沿海抗倭。清朝,画家石涛开一代画风;陈宏谋有"一代大儒"之称;杨廷理致力开发台湾,被称为"开兰名宦";此外,还有被誉为"一门三总督"的岑毓英、岑毓宝、岑春煊,以及博得"一门三翰林"之称的唐景崧、唐景崇、唐景封……一批又一批名垂千古、彪炳千秋的风流人物在政治、经济、军事、思想、文化、科技、教育等领域涌现,他们或是科举夺魁的英杰豪士,或是引领潮流的思想巨擘,或是运筹帷幄的风云人物,或是彪炳史册的传奇英雄,他们那智仁勇全、达德向上的崇高品行,无一不彰显出中华民族的精神风貌:忠孝节义、坚韧刻苦、谦恭谨慎、仁德宽厚。正如鲁迅先生说过的那样:"我们自古以来,有埋头苦干的人,有拼命硬干的人,有为民请命的人,有舍身求法的人……这都是中国的脊梁。"

《广西历代名人》所精选的四十几位古代人物,只是群星中的一角,他们是与中华诸族共同书写中华文明史的杰出代表,但他们却鲜为人知,更不用说被人深入了解。本书就是要以在广西土生土长的历史名人的事迹,彰显广西文明历史,以正所谓的"瘴疠""蛮荒"之名。编写过程中,作者秉持"大事不虚,小事不拘,细节逼真"的原则,以史料为依据,以深厚的人文情怀和"在场者"的视角,用朴实而生动的笔调描写这些广西土生土长的杰出人物在中华文明的长期发展进程中的历史作为和积极贡献,从而吸引读者回到历史现场。如果通过阅读本书,能够使读者对广西文明发展史的大致脉络有一个粗略的了解,从而对广西历史形成新的看法，那就是本书作者们最大的欣慰了。

今天的广西，既承载着昨天的历史，又孕育着明天的希望。在新时代，广西与全国一样已处于英雄辈出的时代。展示广西历代名人的风采，宣传广西历史文化成就，弘扬壮美广西特色，塑造广西崭新形象，是新时代发展的要求。《广西历代名人》是对地方文化发展的一种探索。广西历代名人的经历和成就各不相同，但有一点是共同的：都是为了广西历史的进步、为中华民族的文明发展努力奋斗。我们相信，在这一精神的激励下，在中华民族伟大复兴的征途中，闻名全国的广西名人和杰出人才必定会如潮似海不断涌现，必定会为广西的文明发展书写出崭新灿烂的雄伟篇章！

就让我们追寻遥远年代的那一个个人物、一桩桩故事，去细细品味历史的生动与精彩！

# 目 录

## 秦汉

陈　钦（附陈元）：岭南最早经学家　振起一时称儒宗　　2
牟　子：饱学隽才逢乱世　首屈一指弘释迦　　6
士　燮：经学大师治交趾　治世能臣保地方　　12

## 隋唐

宁长真：钦州世族勋卓著　金瓯保全民安康　　18
曹　唐：诗道混成无俗韵　游仙瑰丽有奇章　　21
曹　邺：奇山秀水孕诗才　阳朔道中怀二曹　　24
赵观文：八桂俊秀赢青眼　两试步蟾露锋颖　　28

## 宋

周　渭：包拯楷模出瑶乡　清廉简肃名天下　　34
王世则：连科状元又第一　触怒皇帝走霉运　　38

冯　京：三元及第称传奇　一生坎坷有谁知　　　　　　　　42
李　琪：忠义武魁剑指北　虎贲报国功垂史　　　　　　　　45

## 明

陶　鲁：兴办学校广教化　化剑为犁保安宁　　　　　　　　50
纪　妃：瑶家小女进皇宫　帝子骨肉恸离合　　　　　　　　53
计宗道：擢第解元探星云　厝意文理忧黎元　　　　　　　　58
蒋　冕：匡弼明廷登首辅　吟咏湘皋究理学　　　　　　　　61
吴廷举：铁骨斗奸胆不寒　长川百折怒未已　　　　　　　　66
佘勉学：门无私馈良士宦　清节著闻好乡贤　　　　　　　　70
吕调阳：桂林山水育次辅　皇帝见面称先生　　　　　　　　73
瓦氏夫人：壮族花甲女英雄　率队出征杀倭寇　　　　　　　76
曹学程：强项御史试刀锋　身置囹圄十一年　　　　　　　　81
袁崇焕：杖策只因图雪耻　横戈原不为封侯　　　　　　　　85

## 清

| | | |
|---|---|---|
| 谢良琦：海内词坛称领袖 | 性格古怪不合时 | 92 |
| 石　涛：搜尽奇峰打草稿 | 法自我法不拘泥 | 96 |
| 谢赐履：见色不淫是豪杰 | 见钱不贪真英雄 | 100 |
| 谢济世：九死一生不言悔 | 传奇经历名御史 | 105 |
| 陈宏谋：官居一品箴伦教 | 胸怀百姓誉大儒 | 111 |
| 蒋良骐：一门科举四进士 | 祖孙三代三翰林 | 115 |
| 杨廷理：开兰名宦治台湾 | 名垂青史永留芳 | 119 |
| 冯敏昌：岭南奇才多奇艺 | 诗文书画堪一流 | 124 |
| 张鹏展：正身心稽诗若渴 | 治事务视民如伤 | 128 |
| 陈继昌：绳其祖武在勉学 | 贻厥孙谋点三元 | 132 |
| 郑献甫：教书育人三十年 | 两粤学子称宗师 | 136 |
| 朱　琦：桐城古文衍桂脉 | 岭西开先润五家 | 139 |

| | |
|---|---|
| 龙启瑞：学以精微通广大　知识渊博称大师 | 142 |
| 蒋琦龄：气愤如山死不平　至今读来带泪痕 | 147 |
| 冯子材：萃军老帅重披甲　南疆长城空遗恨 | 151 |
| 岑毓英：弃笔从戎好儿郎　出关抗法保边疆 | 156 |
| 刘永福：扬黑旗勇纾国难　守宝岛风骨雄奇 | 162 |
| 唐景崧：抗法抗日数请缨　从戎从教洒心血 | 167 |
| 唐景崇：受主知两朝帝师　扶社稷晚清重臣 | 172 |
| 于式枚：兴教筑路精外语　鼎革游逸敢戏袁 | 177 |
| 岑春煊：清末广西"东北虎"　开启民智办教育 | 182 |
| 赵炳麟：满腔热血为报国　只恨不遇识货人 | 187 |
| 周德润：爱国谏官垂青史　中国寸土不能让 | 191 |
| 后记 | 195 |

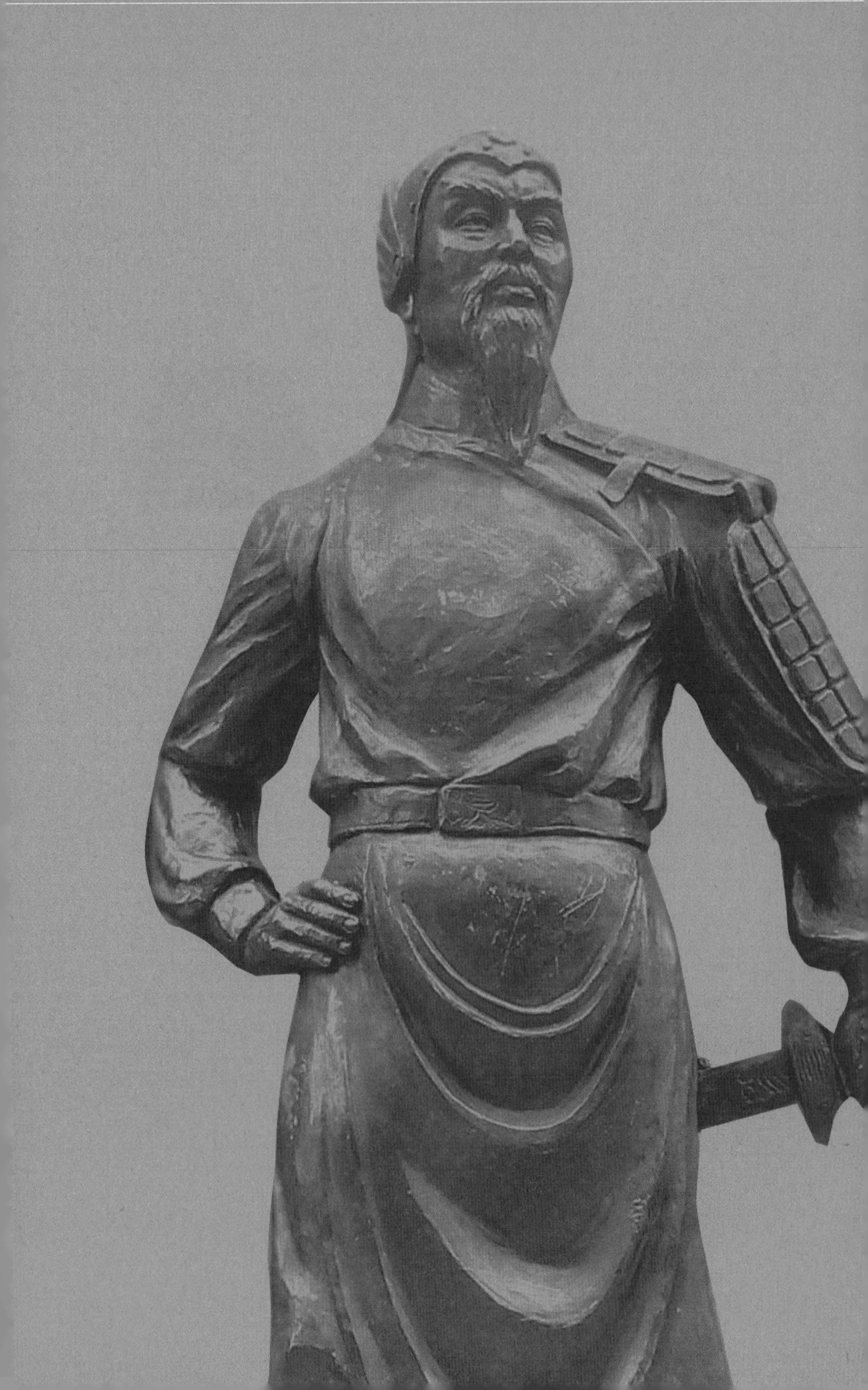

# 秦汉

## 陈钦（附陈元）：
## 岭南最早经学家　振起一时称儒宗

"百年商埠"梧州市中心的骑楼城里，有一站一坐的两尊古人塑像，跪坐着聚精会神阅读竹简经书的是陈钦，他儿子陈元侍立于后。陈钦（？~15），西汉经学家，字子佚，世居交州苍梧郡广信县（今广西梧州及广东封开县南一带）。陈钦自幼受到良好教育，博览群书，才华出众，熟习《易》《书》《诗》和《礼记》。建始年间（前32~前29），陈钦开始专攻《左氏春秋》（即《春秋左氏传》，简称《左传》）。他不墨守成规，有创见而自成一家，著有《陈氏春秋》（已佚），被公认为左氏的传人，当时的学术界就有"左氏远在苍梧"之说。

西汉成帝刘骜时期，陈钦被交州刺史举贤良方正。到京城长安后，被任为"五经博士"，封奉德侯，后师从经学大师贾护，从此学业大进，成为当时全国的古文经学权威。不久，陈钦又被举荐为教育皇室子弟及掌管祭祀宗庙礼仪的太常官员。他教授过两位皇帝：一是汉平帝，一是时任大司马、后来篡汉的王莽。

汉武帝即位后，实行"罢黜百家、独尊儒术"政策。儒家的若干典籍被奉为"经",但当时"独尊"的儒术是今文经学。所谓"今文",指的是汉代通行的隶书,"古文"则是从民间搜集到的先秦古文字。用古、今文字记载的经典就分别称为古文经典和今文经典,从汉代起,经典研究便形成了"今文经学"和"古文经学"两派。由于秦始皇"焚书坑儒",汉初要"独尊儒术"时已找不到典籍。"今文经"主要凭老儒的记忆整理辑出,因每个老儒的记忆有出入、解说有差异,于是便出现了"一经多说"。"今文经"主要有《春秋公羊传》《春秋穀梁传》等,已被确立为官学。古文经典是在汉初从孔子旧宅壁中发现的,得《古文尚书》及《礼记》《论语》《孝经》等,凡数十篇。

"今文家"和"古文家"的相互对立,是从西汉哀帝时开始的。成帝时,古文经学大师刘歆整理典籍时发现的那部以篆字写就的《左氏春秋》早在民间流传。《左氏春秋》写于公元前四世纪,相传是左丘明为传述《春秋》而作,其叙事最突出的成就在于描写战争,《左氏春秋》受到普遍的尊重和欢迎,但未被确立为正统的经典。

其实,两派的分歧不仅是字体的差异,主要还在于它们对经书的解释与治学方法的不同。今文经学派认为经书就是圣人之言,微言大义,大可经世致用;而古文经学派认为解说经书就应该根据字的意思,重视语言文字之学,树立它在经学上的崇高地位。

西汉后期,今文经学在流行、兴盛过程中愈来愈烦琐,每说一字、解一经,动辄数十万言,且与天人感应、谶纬之说结合起来。于是,在西汉哀帝年间,古文经学派提出将《左氏春秋》等

"古文旧书"立为官学，要求朝廷设立《左氏春秋》博士，与今文经学派进行了一场学术大论争，理由是左丘明曾经见过孔子，而被称为今文经学所立的《春秋公羊传》等是后学"信口说而背传记"之作，有"失圣意"。

当时在朝廷中，不仅担任教职的太常博士都是今文家，就连那些达官显宦也都是通过学今文经而得官的，因此，陈钦、刘歆等人的要求，引起他们的怨恨和激烈反对，时任大司空的名儒师丹竟怒而奏称陈钦、刘歆"改乱规章"。不过，汉平帝即位后，受过陈钦教诲的大司马王莽操纵朝政。王莽接受了古文经学的观点，自比周公，他还支持陈钦与刘歆将古文经立于学官的主张。

于是，古文经学派赢得胜利，《左氏春秋》终于被列为官学。陈钦作为古文经学的旗手而受到学术界的景仰，他所著的《陈氏春秋》被视为古文经学的经典。

公元9年，王莽自立为皇帝，改国号为"新"，并封陈钦为"厌难将军"。但后来在处理与匈奴的关系中，又以莫须有的罪名，将陈钦等18人逮捕入狱。陈钦自知难逃一死，遂在长安狱中自杀。

其子陈元，字长孙，继承父业，继研《左氏春秋》，为父亲所著经书训诂，是东汉初年著名的古文经学大师。

汉代有一种"任子制"，即每年领取两千石以上俸禄的朝廷高官，任满三年后就可以保举子弟一人到皇帝身边任侍从的郎官。陈元因此得以赴京师任议郎、南阁祭酒。陈元进京时已很有名气，与当时著名的学者桓谭、杜林、郑兴等人齐名，为当时文人学士所尊崇。陈元应学子要求，在京城接受生徒，传讲《左氏春秋》,对《左氏春秋》做了广博、精细的考证和注释,著有《左氏同异》。他的注释精当,通俗易懂,便于《左氏春秋》的进一步传播。他还与今文经学派学者激烈辩论,在论争中显示出卓越的学识和毅力,争取设置"左氏传博士",结果,"帝卒立《左氏》学,太常选博士四人,元为第一"(《后汉书》卷三十六),论战取得了胜利。

陈元晚年在家乡继续研究《左氏春秋》和讲学,直至病故。他发展东汉古文经学的作用为后人所肯定。《隋书·经籍志》认为:"时陈元最明《左传》。"陈氏父子的著作虽然失传,但从许慎和孔颖达等经学大师对他们的称许中,可见他们研究《左氏春秋》的成果已融入后世经学大师的著作中。清朝所编的《广东通志》《广西通志》的"儒林传"都把陈元列在首位。《广东通志》称:"陈元独能以经学振起一时,诚岭海之儒宗也。"

(潘茨宣)

● 陈钦(坐者)、陈元塑像

## 牟子：
## 饱学隽才逢乱世　首屈一指弘释迦

牟子（生卒年月不详），名融，东汉末年苍梧郡广信（今广西梧州及广东封开县南一带）人，为汉末灵帝、献帝时期远近闻名的佛教人士。其生平事迹见诸史籍的虽然不多，但他却是我国历史上著书弘扬佛法的第一人。

据《佛祖历代通载》等书记载，东汉中平六年（189）汉灵帝死后，北方战乱不断，"白骨露于野，千里无鸡鸣"（曹操《蒿里行》），社会动荡不安。而交州（古地名，辖今中国广东、广西及越南北部和中部，汉朝时属中国）地处边隅，却相对比较安定。因此，牟子随母亲一起迁居交州，到了二十六岁时，才回苍梧老家娶妻安居。

汉末天下大乱，从中原南迁的人很多。当时移民多有从事神仙辟谷之术，唯牟子精心研究经学，博览诸子百家之书，不信神仙方术。年仅二十六岁，牟子就已很有名气。苍梧太守史璜听说他的才气，便邀请他出来做官，让他去荆州向刘表致敬通好，以消除因战乱给州郡之间带来的疑忌。正当他准备出使时，又被交州刺史征召，但他无意于仕途，便托病在家。汉献帝兴平二年（195），佛教信徒笮融杀豫章（今江西南昌）太守朱皓，时任交州刺史的朱皓之兄弟朱符便计划派兵前去复仇。然而，从交州到豫章，必须通过荆州的零陵（今湖南永州一带）、桂阳（今湖南桂阳一带）二郡。为了借路，朱符派牟子前去二郡协商，可又遇上母亲亡故，最终未能成行。后来，社会更加动荡不安，牟子更感到不宜出头露面，于是锐志于佛道，潜心钻研佛教理论。

牟子由一名儒生转入佛门，这种做法被时人认为是离经叛道。为了弘扬和宣传佛教，牟子针对佛教传入中国后所引起的争议和非难，广引《老子》和儒家经书分别予以解释，写成了《理惑论》一书。

《理惑论》亦称《牟子理惑》《牟子理惑论》《牟子辨惑论》，又通称《牟子》。该书最早见于南朝宋明帝中书侍郎陆澄所撰写的《法论》第十四帙"缘序集"中，后被收入南朝梁代和尚僧祐的《弘明集》。由于《法论》早已散佚，只有目录尚保存在《出三藏记集》中。而《弘明集》在辑入其文时又未明确交代其来源，故其成书年代及原貌到底如何，成了一个未解之谜。

《理惑论》全书共三十九章，由序传、正文和跋语组成。"序传"部分介绍了牟子的经历和著书的缘由，所述史事大多可与史实相印证，其中一些记述可以补史料之不足。正文分为三十七篇，采取自设宾主、一问一答的方式写就。所假设的"问者"是一个从北方来的儒者，对佛教提出种种疑问；而设置的答者即是牟子本人，根据对方提出的问题，引经据典予以解答。跋语则解释了

该书之所以取"三十七条（篇）"，乃是效法佛教"三十七品"和《老氏道经》三十七篇之数。

首先，在《理惑论》一书中，牟子明确告诉世人：释迦牟尼既是人又是佛。释迦牟尼创立佛教后，被他的弟子和信徒尊称为圣人，说他生下来就与众不同，有"三十二相"（指佛两足平正、手足有轮纹、面颊如狮子、牙床有四十颗牙等）、"八十种好"（指佛眉如月等）。针对时人的怀疑，牟子以中国古代原有的"圣贤"相貌的各种神话传说进行了解释。比如，牟子说释氏是佛，有人质疑，他便指出："佛者，谥号也，犹名三皇神、五帝圣也。……恍惚变化，分身散体，或存或亡，能小能大，能圆能方，能老能少，能隐能彰；蹈火不烧，履刃不伤；在污不染，在祸无殃；欲行则飞，坐则扬光。故号为佛也。"显然，牟子在这里是以中国传统观念来描述"佛"，其形貌、神通与传统中国黄老神仙家对"真人""神仙"的描述何其相似。

其次，牟子在书中以儒、道思想来比附佛教，巧妙地将外来的佛教文化与中国的传统文化融合在一起，体现了鲜明的佛教中国化倾向。作为一个舶来品，佛教于东汉末年传入中国。由于许多主张和做法与中国旧有的风俗习惯不同，和中国固有的伦理道德也有差异，因而受到各方面的激烈反对。世人对佛教多持怀疑、诋毁的态度，常以儒、道经典、言论为依据，提出种种责难。因此，牟子常用儒、道之言来解释佛教，以向世人证明儒、道、佛在精神上的一致性。

如佛教的居士戒有五戒，沙门戒有二百五十戒。当有人责难

秦汉　　　　　　　　　　　　9

● 牟子塑像

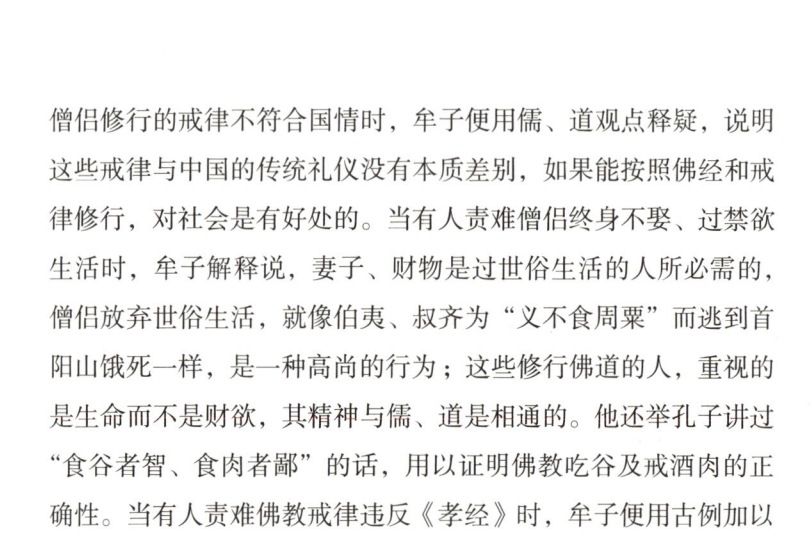

僧侣修行的戒律不符合国情时，牟子便用儒、道观点释疑，说明这些戒律与中国的传统礼仪没有本质差别，如果能按照佛经和戒律修行，对社会是有好处的。当有人责难僧侣终身不娶、过禁欲生活时，牟子解释说，妻子、财物是过世俗生活的人所必需的，僧侣放弃世俗生活，就像伯夷、叔齐为"义不食周粟"而逃到首阳山饿死一样，是一种高尚的行为；这些修行佛道的人，重视的是生命而不是财欲，其精神与儒、道是相通的。他还举孔子讲过"食谷者智、食肉者鄙"的话，用以证明佛教吃谷及戒酒肉的正确性。当有人责难佛教戒律违反《孝经》时，牟子便用古例加以驳斥，强调孝与不孝，不能只看是否违反"身体发肤"之义，更重要的是看实际行动。

牟子生活的时代，正是道教刚创立的时代。牟子认为道教和佛教思想是一致的，故《理惑论》中的不少论断都引了《老子》等道家之言，甚至还引《老子》以解释佛经。但是，牟子对原始道教和神仙方术却持批判态度。他在书中不惜以四个篇章的笔墨批判神仙方术之荒谬，指出道教那一套"炼丹服药、长生不老"之术，全是捕风捉影的无稽之谈，与佛教所宣讲的大道无为相比是不可同日而语的。秦始皇、汉武帝都追求过长生不死之药，事实证明都是办不到的。他还现身说法，根据自己的亲身经历来揭露道教"辟谷"可以使人长生、成仙的骗局。牟子说，在转入佛门之前，他曾经学过"辟谷"之术，拜过三个师傅，分别自称七百岁、五百岁、三百岁，但跟他们学习不到三年，就先后死去了，可见"辟谷"之术是虚假的。

综上所述,《理惑论》是中国佛教理论的开山之作,是研究中国早期佛教史和儒、道、佛三教关系史不可缺少的重要资料。20世纪以来,国内外佛教界和学术界均对该书做了深入的研究,如我国的胡适、梁启超、任继愈,法国的马思伯乐、伯希和,日本的福井康顺、常盘大定以及荷兰学者许里和等知名学者,均对《理惑论》写下研究论著。20世纪初,该书还曾被译成法文和日文。在中华书局出版的《中国佛教思想资料选编》中,牟子《理惑论》为首篇。

正是牟子最早把梵文buddha译成"佛"字,才为印度佛教在中国传播的核心词一锤定音。也因此,比丘明复在《中国佛学人名辞典》中评价牟子为"我国著论弘佛之第一人"。同时,牟子也是岭南地区最早全面系统地阐论佛教的学者,在中国佛教史上占有重要地位。

(康忠慧)

## 士燮：
## 经学大师治交趾　治世能臣保地方

广西苍梧县京南镇桂江山崖上有"汉士威彦先生故里"石刻，石刻附近还建有尚书庙和尚书学堂。

士威彦（137~226），名燮，字威彦，苍梧广信（今广西梧州及广东封开县南一带）人。其父士赐，在汉桓帝时被任命为日南郡（今越南中部顺化一带）太守。士燮是著名的经学大师，东汉末年任交趾太守。三国时岭南属吴，孙权封他为龙编侯。

士燮年轻时在京师洛阳游学，拜东汉名士颍川刘子奇为师，研究《左氏春秋》，颇有造诣，打下扎实的儒学基础。后来，又著书多部。士燮学以致用，做学问不因循守旧，而是注重实在、变通和创新，特别重视历史门类，企图从中找出治国兴邦的规律。他后来做官也很有政见。

东汉熹平四年（175）后，士燮先任巫山县令，后升任位于交州腹地、人口最多的交趾郡太守。其时正值中原混战，董卓迁都长安，袁术攻打刘表，唯有士氏家族掌控的岭南相对稳定。

士燮治理交趾期间，奖励学术，发展文化，使"南蛮之地"

的交趾一跃成为当时南方的学术文化中心。政事之暇,他还醉心学术,尤精于《左氏春秋》,为之注解,著《春秋经注》十二卷,又著《交州人物志》。他有《士燮集》《春秋经注》等著作传世。士燮的政绩与学问,受到当时中原学术界的重视。

古代交趾人对士燮尤其尊崇,誉其为"南交学祖""士王",身后先入帝王庙,后入文庙,祭祀不绝。越南《四字经》说:"三国吴时,士王为牧,教以诗书,熏陶美俗。"越南学者黎嵩在《越鉴通考总论》中提及,"士王习鲁国之风流,学问博洽,谦虚下士,化国俗以诗书,淑人心以礼乐。"由于交趾社会安定,中原及内地人士纷纷南下,移居交趾。士燮颇有孟尝君好士之风,为从中原南下的名儒和博士设坛讲学、著书立说、培养人才提供便利,一时间,儒、释、道、医各家咸集交趾,形成岭南文化史上的黄金时代。

公元前111年,汉武帝统一中国南方后,将岭南分为苍梧、南海、郁林、合浦、交趾、九真、日南、儋耳、珠崖九郡,同时设交趾刺史部统辖。公元前106年,把交趾刺史部从嬴娄(今越南河内西北)移治苍梧郡广信县。到了东汉,交趾刺史部被改为交州。东汉末年,天下大乱,中央对地方的控制力江河日下。由于交州地处偏远,朝廷对它更是鞭长莫及。建安八年(203),交州刺史朱符被当地的少数民族杀死。于是,士燮迅速报请朝廷,让他的三个弟弟士壹、士䵋(音"以")和士武分别担任合浦、九真和南海三个郡的太守。这样一来,交州九郡已被士氏兄弟控制四个,占去大半个岭南。汉交趾郡为岭南第一大郡,人口为南

海郡的八倍。由于交趾没有遭到战火的蹂躏，士燮又比较谦虚宽厚，很多中原的士大夫先后携宗族前来投靠。士燮深受百越人民拥戴，威望之高已不在昔日南越王赵佗之下。

士燮实际上已经成为交州的土皇帝，但他始终没有称霸天下的野心，他尽心尽力地维护国家统一。当时曹操挟持了汉献帝，接着天下鼎足三分。在南方，孙权与刘表争夺岭南的统治权。士燮家族有雄厚的实力，却不乘朝代更迭之机而闹分裂，没有像袁绍、孙权等人那样追求建立独立的政权，他仍然对东汉朝廷俯首称臣，屡次派遣使者到许昌向汉献帝朝贡。后来，为了不让战火波及岭南，士燮支持孙权派来的交州刺史步骘，斩了谋反的苍梧太守吴巨。

士燮在交趾等郡施行"南抚夷越"的政策，驻军维持社会治安，尽量任用当地有影响的人做官，通过他们加强在岭南的统治。他还特别注重岭南的经济开发，从中原引来先进的生产技术，对越人"教其耕犁，使之冠履，建立学校，导之经义"，提高了岭南的农业生产力和文明程度，增加了地方财政收入，解除了朝廷的后顾之忧，使岭南地区有一个稳定的局面。《三国志》说士燮"既学问优博，又达于从政，处大乱之中，保全一郡，二十余年疆场无事，民不失业，羁旅之徒皆蒙其庆"，使交趾在数十年之内成为百姓的"乐土"。三国时期吴黄武五年（226），士燮病逝，享年八十九岁。

（潘茨宣）

● 士燮塑像

广西第一由浓泡观文

# 隋唐

## 宁长真：
## 钦州世族勋卓著　金瓯保全民安康

宁长真（？～627），又名宁长贞，广南西道钦州（今广西钦州）人，隋末唐初岭南少数民族首领。

宁长真的家族是壮族先民西原蛮的后代，世代为岭南豪酋。如《新唐书·南蛮传》记载："西原蛮居广、容之南，邕、桂之西，有宁氏者，相承为豪。"另据道光《钦州志》记载："南海以西溪洞，自汉晋以来，宁族最大，世为俚帅，蛮獠皆归之。"宁氏家族雄踞一方，与中原王朝时即时离。历代封建王朝为了巩固其统治地位，屡次出兵征讨，但也无济于事，为了长治久安，不得不采取以抚为主的策略，调整中原王朝与边疆少数民族的关系。从汉代到唐朝，均推行羁縻政策，宁氏家族因此得以世袭钦州刺史。

隋朝开皇末年（600），桂州俚人（壮族先民）李光仕聚众起事。隋文帝命令何稠率军征讨，一路所向披靡。宁长真的父亲宁猛力带领部下迎接，并请求随军入朝，以表诚心，但未能成行而病故。其子宁长真承袭钦州刺史。

隋文帝仁寿末年，岭南又起动乱。大业元年（605），朝廷派刘方为驩州道（今越南北部）行军总管，经略林邑（即占城，古国名，故地在今越南中南部）。时任钦州刺史的宁长真率步兵、骑兵万余人，配合刘方征讨林邑国。林邑国王梵志派兵据险抵抗，被隋军击溃逃散。刘方率部队攻占林邑国都，林邑国王梵志逃入海岛。隋军班师回朝后，梵志又复其故地，但慑于隋朝军队的威力，不得不派使臣上京城谢罪。从此，南海诸国年年向隋朝进贡。宁长真此次随征林邑，"立功于国，力加官赏，寻进上开府、仪同三司，食邑一千户；轩车薄伐，戎马专征，又为行军总管"。

隋炀帝即位后，国力日益强大，为了收复辽东，先后发动了三次进攻高句丽的战争。宁长真此时也率领部众数千人，随隋炀帝远征辽东。尽管隋炀帝三次远征辽东均无功而返，但宁长真还是因为效忠朝廷而被封为鸿胪卿安抚使。不久升任右光禄大夫、宁越郡太守，官阶越来越高。

隋朝末年，全国大乱，萧铣踞岭南，自立为梁帝。唐高祖武德初年（618~619），李靖奉命率军讨平萧铣，被封为岭南抚慰大使。宁长真以宁越郡（隋置，唐改为钦州，不久改名宁越郡，后又改回原名，故治在今钦州东北五十里）地归附唐朝，自以为对平定岭南有功而据地请为总管府，并派人到长安，给唐高祖李渊送去地方特产——合浦珍珠，顺便试探一下政治行情。唐高祖深知由钦州至京师，路途遥远，不愿其多劳烦，拒而不受，令"珠还合浦"，而改太守为总管府之事，经再三考虑，权衡利弊，于武德五年（622）升宁越郡为钦州总管府，授宁长真为总管，下辖安京、南宾、钦江、如和四县（前三县地今属钦州，如和县地今属南

宁）。武德七年（624），又改总管府为都督府，宁长真任都督。

武德八年（625），宁长真与割据南越州的宁道明、廉州的宁纯，联合高州（今广东高州市）酋豪冯暄一同举兵反叛唐朝，曾一度攻陷邻近钦州的封山县（治今广西浦北县西）。唐朝对岭南酋领采取分化瓦解的策略，抚谕高州冯暄，同时派将军蔺暮率兵征讨。宁氏家族发动的这一场叛乱很快被平定。武德九年（626），宁道明为州人所杀。

唐太宗贞观元年（627），宁长真病逝，其子宁洞藻承袭钦州刺史。当时，岭南动荡不安，溪洞酋豪兴兵相掠，朝廷大臣奏请出兵讨伐。唐太宗李世民深谋远虑，下令不许动兵，而采取较为缓和的策略，派遣员外散骑常侍韦叔谐偕同员外散骑侍郎李公淹等前往诏谕，各处溪洞首领纷纷降附，岭南重归安定。

实际上，宁长真死后，唐王朝强化了在钦州的统治。据《新唐书·地理志》记载：唐太宗贞观元年，将钦州分置越州，不久又改属廉州，罢钦州都督府。唐高宗调露元年（679）以钦州旧都督府所辖之地隶属容州。到唐肃宗乾元元年（758）复为钦州，统领钦江、保京、内亭、莲化、灵山等五个县，属邕州都督府管辖。此时，唐朝多从其他地方派官员到钦州任职，一改以往宁氏家族世袭钦州的旧制。如宁长真之孙宁道务，先后担任瀼州临漳（治今广西上思县西南）县令、龙州司马、爱州（治今越南清化）司马、爱州牧等职，但都不在钦州境内。

（康忠慧）

# 曹唐：
## 诗道混成无俗韵　游仙瑰丽有奇章

曹唐是晚唐时期一位重要的诗人，字尧宾，广西临桂（今桂林）人，生卒年不详。他写的游仙诗数量巨大，艺术成就也较高。

曹唐出身低微，一生坎坷，初为道士，后还俗参加科考，官至使府从事，即幕僚、参军。由于官职不高，所以史书无传，文献记载也极为简略。对于他的行踪，后人只能通过他的诗去解读。

唐穆宗长庆二年（822），曹唐就应邵州（今湖南邵阳市）刺史萧革的推荐，入邵州刺史幕府当幕僚；三年后入京师长安，准备应考。此时，严公素来广西做容管经略使，曹唐作诗两首相送，诗中用"珍珠履"一典，表达了自己"亲从新侯定八蛮"的意愿，希望去容州（今广西容县）做严公素的幕僚。敬宗宝历二年（826），曹唐果真如愿以偿，他在《南游》诗中这样写道：

尽兴南游卒未回，水工舟子不须催。
政思碧树关心句，难放红螺蘸甲杯。
涨海潮生阴火灭，苍梧风暖瘴云开。

芦花寂寂月如练,何处笛声江上来。

这是他从水路向苍梧进发的客游诗。唐代前往容州的人多从漓江南下至梧州,转藤州(今藤县),然后溯北流江至容州。这首诗就是他前往容州投奔严公素途中所作。

武宗会昌五年(845)或六年春天,曹唐游江南。他曾至九华山寄诗池州刺史杜牧:"戴月早辞三秀馆,迟明初识九华峰。"希望杜牧到九华山与其相会,其本意是想入杜幕的,不知为何却成了一次漫游。

岳州(今湖南岳阳)刺史李远对曹唐的诗才十分欣赏,"每吟其诗而思其人"。宣宗大中七年(853)的一天,曹唐前往岳州同李远会面,李远倒穿着一双木屐出门相迎。

李远也是晚唐诗人,对曹唐惺惺相惜,恳请曹唐入幕任从事。曹唐欣然答应。两年后,也就是宣宗大中九年(855),曹唐从岳州返回京师写下《小游仙诗》其十七:"玉诏新除沈侍郎,便分茅土镇东方。不知今夕游何处,侍从皆骑白凤凰。"

也许是入世前做过道士的缘故,曹唐的诗以奇异与脱俗见长,题材大都取自古代神话传说及六朝志怪小说,加以艺术创造并创新。所咏仙境及神仙故事,迷离缥缈,瑰奇多彩。而对神仙世界中之宫阙楼台、衣服妆饰、灵禽仙兽、琼花瑶草等,多有精细刻画。他的诗想象丰富,设色华丽,将桂林山水印象、道家思想、虚幻情景结合起来,形成独特风格,在晚唐诗林中占有一席之地。他的诗对后世游仙诗有着相当重要的影响。

最令人耳熟能详的有《刘晨阮肇游天台》：

> 树入天台石路新，云和草静迥无尘。
> 烟霞不省生前事，水木空疑梦后身。
> 往往鸡鸣岩下月，时时犬吠洞中春。
> 不知此地归何处，须就桃源问主人。

以及《织女怀牵牛》：

> 北斗佳人双泪流，眼穿肠断为牵牛。
> 封题锦字凝新恨，抛掷金梭织旧愁。
> 桂树三春烟漠漠，银河一水夜悠悠。
> 欲将心向仙郎说，借问榆花早晚秋。

曹唐的诗集多已流失。《新唐书·艺文志》著录有"曹唐诗分三卷"。明代首辅内阁大学士、全州人蒋冕在《曹祠部诗集》中说："邺之、尧宾二曹公诗，在唐宋时尝显矣，至元有国垂百年，乃湮没无闻。皇明混一区宇以来，至我皇上纪元嘉靖，历百五六十年，盖稽古右文极盛之时也。于是，前代遗文古书，往往出于江南好事之家。"蒋冕等人根据《文苑英华》《唐诗鼓吹》《唐音》等选本，辑出曹唐作品与曹邺诗集一并刊刻，曹唐的诗集才复有刻本传世。

（梁宇广）

## 曹邺：
## 奇山秀水孕诗才　阳朔道中怀二曹

"桂林山水甲天下，阳朔堪称甲桂林。"阳朔，这座漓江边上的小城，随着旅游业的日益兴盛，名气也越来越大。人们饱览了如画风光之后，常常会发出这样的疑问：山川秀丽，人物风流。这个如诗如画的地方，出过什么名载史册的人物吗？人们很快就会找到答案。清代诗人王维新写道："唐代文章原后起，岭西风气实先开。"这位开风气之先的人是谁呢？这诗的题目便是"阳朔道中怀曹邺"。

曹邺比曹唐约晚了三四十年，被世人称为"二曹"。

曹邺，字邺之，亦作业之。唐大中四年（850）进士，曾为天平节度使掌书记，迁太常博士，历祠部、吏部郎中，仕至洋州（今陕西洋县）刺史。在晚唐诗坛，曹邺是一位重要诗人。清人修编的《全唐诗》是唐代诗歌总集，收入作者二千二百余人，共九百卷，曹邺一人占两卷计一百零八首。《唐诗纪事》《唐才子传》等典籍中均有记载。

明代首辅内阁大臣、全州诗人蒋冕在《曹祠部集·序》中赞道:"公忠刚直,能言人之所不敢言。"曹邺之前,广西的文化人鲜有见诸史册者。曹邺在广西的文化史上留下了浓墨重彩的一笔。

读过唐诗的人,很少有不知道曹邺《官仓鼠》的:

> 官仓老鼠大如斗,见人开仓亦不走。
> 健儿无粮百姓饥,谁遣朝朝入君口。

吟起这首诗,很容易使人想起《诗经》中那首著名的《硕鼠》。显然,《硕鼠》只是一种哀求、一种抱怨,而曹邺的《官仓鼠》则将锋利的矛头直指封建统治集团,对各地的贪腐丑类予以无情的痛斥,把这一群明目张胆的"官仓之鼠"的丑恶面目暴露于光天化日之下。诗歌运用了明白如话的百姓口语,产生直截了当、一语中的的艺术效果。这,也是曹邺诗歌的一贯风格。

曹邺的正直与勇气远不止此。他还把批判的矛头直指封建社会的最高统治者。如《捕鱼谣》:

> 天子好征战,百姓不种桑;
> 天子好年少,无人荐冯唐;
> 天子好美女,夫妇不成双。

其批判的精神、讽刺的力度,在历代诗歌中可谓罕见。

曹邺对民间疮痍、百姓疾苦给予深切的体恤与同情。如《怨诗》:

> 手推讴轧车，朝朝暮暮耕。
> 未曾分得谷，空得老农名。

以及《筑城》：

> 呜呜啄人鸦，轧轧上城车；
> 力尽土不尽，得归亦无家。

声声愁苦，字字血泪，民生艰辛，笔底波澜。

曹邺继承了诗圣杜甫的心忧天下、关心民瘼的传统。其用词质朴洗练，近乎谣谚。诗家评论其"《四怨三愁五情》诸什，皆沉浑慷慨，有建安七子之风"（明曹学佺《重修唐祠部曹公读书岩祠堂记》）。尤为可贵的是，诗人对家乡阳朔有着深厚的感情。

唐大中四年（850），三十四岁的曹邺高中进士。这对于"作诗二十载，阙下名不闻"、流寓长安达十年之久的曹邺来说，可真是改变人生、改变命运的大事。

古人一生有三件大事是值得大贺的——洞房花烛夜，金榜题名时，他乡遇故知。想当年孟郊皇榜高中，写下"春风得意马蹄疾，一日看尽长安花"的名句，他高中后的心情是一种狂喜，甚至是一种得意忘形。而曹邺看了皇榜之后，兴奋之余，却是想到了万里之遥的故乡阳朔，立即提笔给老家故人写了一首《寄阳朔友人》：

> 桂林须产千株桂，未解当天影日开。
> 我到月中收得种，为君移向故园栽。

诗人认为，像我们桂林这片风光秀丽的土地，应该涌现出更多的杰出人才，如今我算是开了一个头，撒下一把种子，希望我家乡的年轻人努力加油，后来居上。这份情感，何等高尚，又何等可贵！

曹邺晚年归隐故里，写下许多吟咏家乡的诗歌。如《东洲》：

> 江城隔水是东洲，浑是金鳌水上浮。
> 万顷碧波分泻去，一洲千古砥中流。

写得如此美不胜收。在碧莲峰下靠近江边的一处，有一奇石，名为"钓台"，上面刻着一首曹邺的七绝：

> 扫叶煎茶摘叶书，心间无梦夜窗虚。
> 只为光武恩波晚，岂是严光恋钓鱼。

游人每每走过，都要驻足吟咏一番。阳朔城北天鹅山下有一个岩洞，相传就是少年曹邺刻苦读书之所。今天的人们，不妨前往凭吊，缅怀这位从偏僻的山乡走出去的学子。

（彭匈）

## 赵观文：
### 八桂俊秀赢青眼　　两试步蟾露锋颖

唐乾宁二年（895），临桂县桥头村的才子赵观文（生卒年不详），成了广西历史上第一个状元。

科举制度之下，状元是全国读书人中的佼佼者。在封建社会，出状元是一地之人世代引以为荣的大事，也是一地文化发达的一个象征。自隋代实行科举制以来，三百年间，广西还无人中过状元。唐时，岭南文化比中原落后，朝廷分配给岭南地区的进士名额相对较少，做出岭南及周边地区每科选进士不得超过七人的硬性规定。岭南等地举人考中进士的机会，比中原一带的举人少得太多。其时北方举子进京考试，得中率约为 10%，而南方举子则是 1% 左右。远离朝廷的广西士子，科举之路就更为艰辛。

赵观文中状元之事，令广西的父老乡亲大受鼓舞。唐桂州（治今桂林）长史朱韫新修尧舜祠落成时，专请赵观文撰写《桂林新修尧舜祠祭器碑》。陈可环任桂州都督时，特将赵观文所住街坊改名"进贤坊"。清人于凌汉等人在其家乡立"赵状元故里"石碑，策励后世。"南蛮"子弟一举压倒全国的才子，也使京城轰动一时。

赵观文登第后,长安万人空巷,男女老少争睹新科状元的风采。正是"九衢难怪人空巷,才子风流正少年"。从此,世人对"南蛮之地"刮目相看。唐朝诗人褚载就写有《贺赵观文重试及第》诗:"一枝仙桂两回春,始觉文章可致身。已把色丝要上第,又将彩笔冠群伦。龙泉再淬方知利,火浣重烧转更新。今日街头看御榜,大能荣耀苦心人。"

世人只看到赵观文夺魁风光的一面,却不知他为状元及第所经历的波折,更不会想到新科状元未来之路的艰难。赵观文进京赶考时,抱负极大。可一介书生怎知唐末官场的腐败早已渗透科场,当时有云"不须文章甲天下,只要文章中考官"。"文章"要"做"到考官那儿,这是当时人所共知的"潜规则"。赵观文书生意气,自视甚高,笃信功底出众,无人能撼。考前别人"功夫在诗外",都找门道往主考官家送礼,他却一门心思只用在诗书之上。

唐朝以诗赋取士。考卷一开,赵观文下笔如有神,诗写得大气磅礴,韵律工整,横看竖看都能拔得头筹。谁知另一考生张贻宪(一说张昭)考前已给主考官崔凝塞了银子,放榜结果便改变了。进士榜上共有二十五名,会稽(今浙江绍兴一带)有名的庸才张贻宪成了状元,众望所归的赵观文却被排到了第八。一些正直的知情者愤愤不平,联名上书皇帝,状告主考官徇私舞弊,向张贻宪泄露了考题。昭宗李晔下诏重试,于武德殿东廊试新及第进士张贻宪等二十五人。昭宗本人亲临阅试,亲自出题,亲自考定等级,亲定黜放之制。他说:"朕昨者以听政之余,偶思观阅,

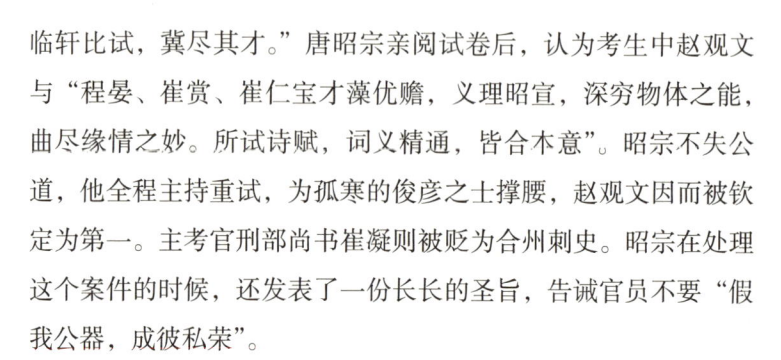

临轩比试，冀尽其才。"唐昭宗亲阅试卷后，认为考生中赵观文与"程晏、崔赏、崔仁宝才藻优赡，义理昭宣，深穷物体之能，曲尽缘情之妙。所试诗赋，词义精通，皆合本意"。昭宗不失公道，他全程主持重试，为孤寒的俊彦之士撑腰，赵观文因而被钦定为第一。主考官刑部尚书崔凝则被贬为合州刺史。昭宗在处理这个案件的时候，还发表了一份长长的圣旨，告诫官员不要"假我公器，成彼私荣"。

在封建社会，读书人中举后，大多希望在政坛上有所作为，以光耀祖宗、扬名后世，但很多人都未能如愿。唐昭宗主持重试时，对赵观文非常赏识，赞他是"名实相符之士，艺文具美之人"。但赵观文因秉性卓尔不群，终不受皇上恩宠，不被朝廷重用，只担任"侍讲学士"。"侍讲学士"虽在皇帝身边工作，可以"通天"，却是个无权的虚职，只是帮皇帝解答古书中的疑难而已，不能参与行政实践，更不用说实现自己的政治理想了。

赵观文所处的晚唐时代，唐王朝败象已露，社会矛盾激化。王室衰微，大权旁落，宦官专权，藩镇割据，时局混乱，政治黑暗，朝廷腐败。宦官刘季述专横跋扈，曾利用醉酒之计软禁皇帝。与赵观文同科考中进士的崔胤，为人阴险狡诈，工于心计，善于阿谀附和。这么个奸佞小人，却官运亨通，屡屡升迁，官至宰相。晚唐诸相之中，崔胤可算亡国害民之大者。赵观文自恃正直，不愿同流合污。他既抨击宦官刘季述，对其专横横眉冷对，令刘季述不满，又经常违逆崔胤的意旨，将崔胤得罪。赵观文遭到腐朽权贵的排挤后，郁郁不得志。

一晃数年过去，赵观文年近半百。他深知大唐气数已尽，遂急流勇退，怀着"穷则独善其身"的孤愤心情，托病辞官归故里。

作为一代才子和广西第一位状元，赵观文的文章、道德深为后人敬仰。他逝世后，后人把他尊为"桂州五贤"之一，并建"五贤祠"纪念他。他与同时代的桂林阳朔诗人曹邺、临桂诗人曹唐并称为"桂州三才子"。宋人刘植也写有一首《静乐赵观文挽词》：

大星殒地寂无光，砚席凝尘冈野堂。
一老海滨天下愁，百年江左恨空长。
家传遗稿归中秘，帝录元勋纪太常。
路远生刍来未得，泪干门下老刘郎。

（潘茨宣）

● 赵观文塑像

官居頭銜承條任建廉清心佑庶民

宋

## 周渭：
## 包拯楷模出瑶乡　清廉简肃名天下

北宋最著名的清官自然是家喻户晓的包拯。然而人们并不熟知的还有另外一位清官，他执法如山、爱民如子，比包拯早了整整六十年。他就是从桂北恭城走出去的瑶乡赤子，大宋开国时期的贤臣周渭。

周渭官至监察御史，深得宋太祖赵匡胤的赏识与信任。若用简单的语言来概括周渭，最贴切的便是人们常说的那句话：一身正气，两袖清风。包拯将周渭视为前辈楷模。周渭不畏强权、公正廉明的品格，深深地影响着后来同样是监察御史的包拯。

周渭（约923~999），字得臣，恭城路口村人。历北宋太祖、太宗、真宗三朝。周渭的官声政绩，是他以自己的良知与胆识，脚踏实地干出来的。从现存的资料看，周渭执法的最大特点就是廉明果断，毫不留情。

他初任白马主簿时，上任伊始，就把贪赃枉法、民愤极大的县吏斩首示众。在任兴州（今陕西略阳）通判时，他把放纵部下为非作歹的监军就地正法，整肃了军纪，恢复了秩序，百姓安居乐业，万民称颂。周渭调职时，兴州百姓牵衣顿首，拦道挽留。

周渭每到一处，首先就是整顿吏治。任永济（今山东冠县）知县时，一上任即查明贪赃枉法、敲骨吸髓者，将他们全部逮捕。其中不少人有大名府（治今河北省邯郸市大名县）高官作后台。有人便按照官场"潜规则"，提醒周渭，先把名单通报大名府，否则将来吃罪不起。周渭也知道大名府的主帅符彦卿是权倾朝野的太师爷，还有魏王爵衔。对此，周渭偏偏与贪官污吏的保护伞对着干，行"替天行狩"之责，将这些罪大恶极的"害虫"就地正法，然后依程序上报。一时众官震怖，吏治肃然。

周渭曾调任两浙转运使、殿中监察御史，行监察百官、维护纲纪之职。太宗有感于周渭以身作则、恪尽职守，赐紫金袍一袭，以示嘉奖。

周渭心系故土，曾为家乡奏请减免赋税、重定田税，提倡办学，开发民智。恭城瑶乡有一个有趣的传说，据说恭城原本叫茶城，每年向朝廷进贡的茶税让地方不堪重负。周渭怜悯百姓，遂将茶城改为恭城，免除了繁重茶税，解了百姓危厄。史上茶城改恭城确有其事，只不过是发生在宋以前的唐代。据光绪十五年（1889）重刊之《恭城县志》载："隋末梁帝萧铣起兵巴陵，据粤境，始分平乐地置县，曰茶城。唐武德四年平萧铣，更名恭城县。"恭城人民把此事放在周渭身上，表达了对他的感念。

周渭一生以从政为主，间或也写诗词。其中收入《全宋诗》的几首颇受后人称道。其七律《游兼山》云：

插空峭壁白云迷，独上高巅万象低。
一路接天连楚界，两峰拔地镇南夷。
泉飞石涧游魂冷，风卷松涛匹马嘶。
踏破层崖心未折，凤凰山后鹧鸪啼。

兼山在恭城县境内，又名银殿山，海拔一千八百八十五米，是茶江的发源地。兼山离周渭家乡路口村不远，天气晴和时，它雄峙众山之上的英姿，激发了青年周渭的雄心壮志。"踏破层崖心未折，凤凰山后鹧鸪啼"，既表达了诗人百折不挠、勇攀绝顶的精神与抱负，又揭示了他对官场险恶、宦途艰辛的预感，让人想起辛弃疾的"青山遮不住，毕竟东流去。江晚正愁予，山深闻鹧鸪"。

果然，在太宗朝末期，周渭因受冤案株连而遭贬。咸平二年（999），真宗正准备将他召回朝廷重新起用之际，一代名臣与世长辞。周渭一生为官清廉，以至家贫无力下葬，皇上闻之，赐钱十万，方才得以入土为安。今人每每读到史书所记载的"上闵其贫不克葬，赐钱十万，以其子建中为乘氏主簿"这一句，都会心生敬意，感慨良多。

恭城瑶乡人民一直感念着这位为国为民鞠躬尽瘁的古贤，并为出了这样一位流芳百世的名臣而深感荣耀。明朝成化十四年（1478），恭城人民在城东建起一座祠堂，祭祀这位官居人宋监察御史的瑶乡赤子周渭。清朝雍正元年（1723）又重新修葺，殿阁

● 周渭塑像

更加雄伟堂皇。

　　周渭的诞辰为农历六月十五，每逢此日，恭城县城及四乡百姓都有献演酬神活动。百姓心中有杆秤，为人民做了好事的人，人民自会铭感，直到千秋万代。

（彭匋）

# 王世则：
## 连科状元又第一　触怒皇帝走霉运

鹿寨县雒容镇有个白象岩，因洞中有一钟乳石，酷似白象而得名。洞壁有古今摩崖石刻四十余幅，其中有三首题壁诗，署名"王世则"。

王世则（约962~约1005），广西永福人，传说宋代太平兴国年间（976~984），王世则曾入白象岩攻读，后考中状元。

王世则连续两次殿试都中状元，人称"连科状元"。原来，王世则同科有个进士，任县令后，其县境内军粮失火焚毁。于是有人告状，说该科进士虚浮轻妄不合格者居多。宋太宗便下诏，让该科所有进士再进京复试。结果，第二次考试，王世则还是高中状元。

王世则出身贫寒，幼时上山砍柴，不慎从山上滚下而使一条腿残废，但他仍拖着残疾之躯劳作糊口。他自小羡慕能读书的孩子，常在放牛时溜进学馆偷听。先生考察后认为其聪颖过人，便免费教他读书。王世则不负先生厚望，更加勤奋好学，二十岁不到中了秀才和举人。

据北宋王辟之著《渑水燕谈录》卷三《知人》记载，王世则中状元前曾去拜见著名道教学者陈抟。王辟之文中说："王世则与韩见素、赵谏同诣先生，世则伪为仆，拜于堂下，先生笑之曰：'侮人者，自侮也。'揖世则坐于诸坐之右：'将来科名，君为首冠，诸君之次，正如此会。'明年，世则举进士第一，余如坐次。"

北宋太平兴国八年（983），王世则进京参加进士考试。试题都是宋太宗赵炅（本名匡义，为避兄匡胤讳，曾改名光义）亲自出。文思敏捷的王世则一看就知道是要做歌功颂德的文章，笔下如有神助，他用华丽的词句作赋，歌颂了大宋江山前景光明远大，并第一个交了卷。宋太宗亲阅试卷，龙颜大悦。王世则当即被钦点为状元。

此前的每次金榜题名后，皇上总要在宫廷外赐宴。由于对此次殿试十分满意，特将宴席设于汴京（今河南开封）的琼林苑内，以恩赐新科进士，钦命内大臣一人代表皇帝坐主席，与状元、榜眼、探花共一席，其余进士四人一席。此宴称"琼林宴"。进士每人还发给牌坊银三十两。此制一直沿袭至清代。

王世则中状元后，深得皇帝信任，雍熙二年（985）六月，他被授权在武成庙对落第的士子进行重新考试。在这项工作中，他认真负责，不接受任何贿赂，也不巴结任何权贵，始终做到公平、公正、公开，先后录取马国祥、叶齐等二三百人，使许多有真才实学但在初试中落选的读书人，还能有出仕的机会。

公道正直的王世则随后被选派到谏院任职，职掌规谏朝政缺失。王世则在谏院期间，谏议果断，雷厉风行，不卑不亢，不怕

得罪人，在官场享有"铁面王"的声名。

淳化二年（991），宋太宗为了安抚南疆，固守边防，委派王世则代表北宋朝廷到交趾（今越南北方一带）处理事务。当时的边疆经过太祖、太宗连续用兵，已经处于比较稳定的局面，不时制造事端的只有北方的契丹和南方的交趾。而交趾地处南方边陲，其首领黎桓有着"静海军节度使"的头衔，虽然他的势力还不足以对北宋朝廷构成重大威胁，但一旦让他坐大，后果会很严重。宋太宗为了集中力量对付契丹，对交趾采取怀柔政策。王世则正是在这样的前提下出使交趾。

他不辱使命，到达交趾后，正确执行朝廷"恩威并用，安抚睦边"的政策，坚持"遗赠以弗受"，"仗节不屈"，大力宣扬国威，竭诚维护宋王朝的利益。他以德示人，以理服人，以自己正直无私的品格赢得交趾的尊重，使交趾首领黎桓心悦诚服，向北宋朝廷俯首称臣，甘愿向汴京随岁纳贡。

王世则还把交趾的地理形势绘成地图，同时把自己有关交趾政治、经济、风俗民情、山川地理等方面的见闻写成文字，在回朝时奏报朝廷，皇帝称赞他"忠清有功"，让他"与苏易简进史馆，恩礼优渥"。苏易简是比王世则早一科中的状元，能与他同进史馆，说明皇上对王世则的重视。

淳化二年（991）九月，王世则等五人联名上疏，请求尽早册立许王赵元僖为皇太子。岂料此事激怒了太宗。王世则被罢馆职，贬为蒙州（今蒙山）知州。宋至道二年（996），改任永州（今湖南零陵、祁阳、东安一带）知州。其他四人也都被贬到南方一些偏远的地方。两年后宋太宗去世,宋真宗即位,王世则的境遇才得以好转。

其实,最想恢复"父死子继"立嗣法的,恰恰是宋太宗自己。王世则等上疏明明和他的意图吻合,他为什么还狂怒呢?原来当年宋太祖赵匡胤暴死,皇位没按传统传给儿子,而是传给了弟弟宋太宗赵炅。几年后,太宗为了显示其即位的合法性,又抛出了母亲杜太后曾主导"金匮之盟"、让兄传位于己的说法。但这仍难消除宋太宗"弑兄夺位"之嫌。太宗晚年多疑,容不得臣下谈立储之事,担心会勾起人们对他弑兄嫌疑的联想,故自然迁怒于"不识时务"的王世则等人。

政事之余,王世则勤于著述,他学问精深,一生著述不少,但他的著作"尽皆散佚"。究竟是怎么丢失的,至今仍是一个谜。

明人包裕作七律诗《宋状元王公祠》,描述王世则的人生:

> 三百名中第一人,英雄随步宴琼林。
> 储宫疏谏关宗社,史馆文章记古今。
> 奎聚五星开泰运,山巢双凤报佳音。
> 若非贤尹崇先哲,千载何人识此心。

(潘茨宣)

# 冯京：
## 三元及第称传奇　一生坎坷有谁知

冯京（1021~1094），字当世，北宋宜州人，历事仁宗、英宗、神宗、哲宗四朝，官至保宁军节度使、太子少师、参知政事，参知政事即副宰相。冯京比大文豪苏东坡出道在先，苏东坡在他的诗文中记下冯京给他讲述羽衣仙女的故事。这则流传于冯京家乡的美丽传说，直听得苏东坡心驰神往。青年苏轼还得到过冯京的举荐。对此，苏轼一生感念，曾作《何满子·寄益州守冯当世》：

见说岷峨凄怆，旋闻江汉澄清。但觉秋来归梦好，西南自有长城。东府三人最少，西山八国初平。

莫负花溪纵赏，何妨药市微行。试问当垆人在否，空教是处闻名。唱着子渊新曲，应须分外含情。

冯京天禧五年（1021）生于宜州龙水，在家乡度过了青少年时代，直至十五岁才随家人辗转藤州、鄂州等地。冯京的三元及第颇不容易。庆历八年（1048），冯京在鄂州参加乡试，中解元；

次年参加礼部会试，中会元。冯京的势头，如同"三言"作者冯梦龙所云"足蹑风云，气冲牛斗"。然而在殿试的最后关头，他遇到了科场腐败这个随时都可能将其置于灭顶之灾的问题。他的竞争对手是朝中权臣、皇亲国戚张尧佐的外甥石布桐。张、石二人早知冯京名望，便利用关系，对冯京的考卷大设樊篱，必欲使其不过关。传说冯京急中生智，将自己姓氏中的两点往下一移，冯京成了马凉。这样才得以脱颖而出。一番廷对，天子大喜，御笔一点，冯京高中状元。喜报传出，京中一时街谈巷议，沸沸扬扬，"天上中马凉，天下中冯京"，冯京声名大振。

冯京才高八斗，性格刚直。当他高中状元后，张尧佐一反打压之态，极力拉拢冯京，以扩大自己的势力，竟想出一着硬招，以"此上意也"为名，要强招冯京为婿。张尧佐乃皇帝宠妃伯父，他要以二女儿许配冯京，倘若冯京就范，那就与皇帝是亲戚了。这可是一条飞黄腾达的捷径。那日，张尧佐请冯京至家，少顷便以金带束其腰，又有宫中小黄门持酒肴来。冯京瞧在眼里，不动声色，直到张家将奁具展示，冯京方才婉言相拒，说自己的母亲早已在老家为自己订下王氏女为妻，辞却了张家这门亲事。

冯京知开封府时，数月过去，一直未到宰相韩琦府上拜望，韩琦便认为冯京少年得志，目中无人。后来，冯京寻了个机会对韩琦解释："公为宰相，从官不妄造请，乃所以为公重，非傲也。"

冯京一不攀龙附凤，二不阿谀权贵，其品格操守，可见一斑。冯京每到一任，皆体察民情，赈灾恤贫，慧眼识才，奖掖后学。冯京临事果决，凡各县公事至，即行处理，从无壅滞，因而威望

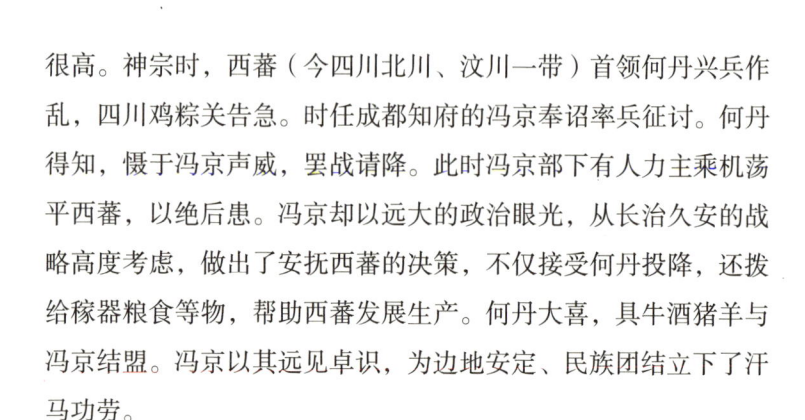

很高。神宗时，西蕃（今四川北川、汶川一带）首领何丹兴兵作乱，四川鸡粽关告急。时任成都知府的冯京奉诏率兵征讨。何丹得知，慑于冯京声威，罢战请降。此时冯京部下有人力主乘机荡平西蕃，以绝后患。冯京却以远大的政治眼光，从长治久安的战略高度考虑，做出了安抚西蕃的决策，不仅接受何丹投降，还拨给稼器粮食等物，帮助西蕃发展生产。何丹大喜，具牛酒猪羊与冯京结盟。冯京以其远见卓识，为边地安定、民族团结立下了汗马功劳。

绍圣元年（1094）四月初三日，冯京病逝，享年七十三岁。他著有《潜山文集》和大量奏议、诗文。冯京逝后被追赠司徒，谥"文简"。哲宗亲到冯府灵堂前祭奠。其墓后湮没无考，1983年，工人于河南嵩山东麓密县（今河南新密市）城东五虎庙村旁挖电缆沟时，发现了冯京墓葬。

现今，宜州建起了冯京公园，人们用各种方式纪念这位龙江之子。冯京曾在藤州生活过，今藤县县城有"冯京山"。冯京山其实是冯京的父亲冯式的坟山。冯式墓旁有"三元亭"，是冯氏后裔为纪念冯京于1947年而建。"三元亭"题词甚丰，李宗仁、白崇禧均题有对联。李宗仁联为"梓乡亦有三元，世泽榕门同景仰；云树犹留抔土，家声华彩有光辉"。白崇禧联为"云路扶摇，玉笋班行列第一；天衢声价，彤墀爵秩历朝三"。匾额"三元亭"三个大字为黄旭初所题，冯璜撰写亭记。

(彭匋)

## 李珙：
## 忠义武魁剑指北　虎贲报国功垂史

> 名落孙山视等闲，弃文从武夺戎冠。
> 孤军抗逆捐躯去，千里勤王裹尸还。
> 情切切，血斑斑，伊谁高洁洒君兰？
> 纵嫌剑及揭竿者，却有丹心照羽翰。

上面这一阕《鹧鸪天》，颂扬的是北宋抗金英雄李珙。

位于桂林市西南部的永福县是著名的福寿之乡，更是一个人杰地灵、人才辈出的地方。在北宋，这里出了两个状元，一个是宋太宗太平兴国年间的文状元王世则，另一个是宋徽宗大观年间的武状元李珙。他们二人，一文一武，千秋忠义，号称"双凤"。

作为广西历史上唯一的一个武状元，李珙的一生虽然很短暂，也没有什么著作流传下来，但是戎马倥偬，忠心报国，最后以一腔热血写下了壮烈的诗篇，为后人所称颂。

李珙，字温之，永福县毛岗古河（今堡里镇甲浪屯东）人。从小聪明好学，发愤上进。县试和乡试都得到了功名，但是三次

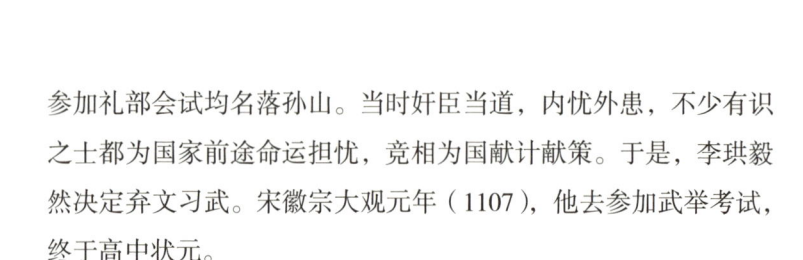

参加礼部会试均名落孙山。当时奸臣当道，内忧外患，不少有识之士都为国家前途命运担忧，竞相为国献计献策。于是，李珙毅然决定弃文习武。宋徽宗大观元年（1107），他去参加武举考试，终于高中状元。

大观年间（1107~1110），今广西宜州一带少数民族暴动，他奉命前往镇压，因功得以"补右职"。后来，又进策南丹州，当地的少数民族首领纷纷纳款归附，李珙因此晋升为武功大夫，也叫皇城使。宣和初年，刘花三率众在福建、江西和广东一带边区发动农民起义，声势浩大。朝廷慌了手脚，先是派遣淮西提点刑狱俞向带兵前往福建路（治福州，约相当于今福建全省）镇压，但收效甚微。宣和二年（1120）四月，刘花三领导的农民起义军势力日益壮大，从江西的虔州（赣南一带）、吉州（吉安一带），一直打到广东边境。宋徽宗更加惶恐不安，命朝中大臣商议对策。于是增加江西、广东权置武臣提点刑狱、路分都监各一员，李珙得以授命任广南东路分都监，负责军事指挥。同年六月，宋徽宗再次命令福建、广南东路合力镇压。刘花三寡不敌众，于宣和三年（1121）七月在广东被李珙俘虏，随即押解京师斩首。李珙立了头功，因而擢升为忠州（今四川忠县）刺史，后来出任融州（今融水、融安、三江一带）知州。不久又担任邕州（今南宁）团练使，总制岭南十二州兵马。

宣和末年，金太宗完颜晟发兵大举侵犯汴京（今河南开封）。当时北宋王朝内廷空虚，兵微将寡，难以御敌，于是宋徽宗以密封的蜡书号召天下，呼吁全国各地起兵勤王。李珙接到蜡书，不辞辛劳，跋山涉水，领军北上，直抵湖南衡州（今湖南衡阳）一带。这时数万金兵在李珙进军的路上进行堵截，而附近的州县都闭门自守。李珙的部队不但得不到援兵，而且连给养都成了问题，终因势单力薄，孤立无援，与七万金兵血战数日后，全军覆没，李珙壮烈捐躯。临死前，他作了一首《割袍诗》："草间虽可活，丈夫誓不为。今为忠义死，作鬼也杀贼。"宋高宗建炎二年（1128）降诏，追赠李珙为"忠州防御使"，并封他的一个儿子为官，旌表其一门为"忠义"，立为乡贤而世代加以崇祀。

关于李珙千里勤王、英勇殉国的壮举，不乏后人赞颂。清代嘉庆年间，永福县举人章世治在《忠州防御刺史李公》诗中写道："南渡羽书急，勤王望救援。将军壮义勇，佩剑效棘门。一战惊虏胆，金人为我奔。河北贼方盛，再战风尘昏。天意难恢复，誓不与贼存。此身许报国，生死安足论。志气同宗岳，凤山俎豆尊。奇哉公之忠，不可学而能。马潭留事迹，河岳吊忠魂。茫茫千载后，大节有谁敦？"诗中淋漓尽致地展现了李珙忠勇报国的大无畏精神。

李珙千里勤王、英勇殉国的壮举传到故乡后，乡人钦佩不已，将其尊为抗金的民族英雄，并在古河镇（堡里镇原政府所在地）建造了一座宏伟壮观的李王庙。侧殿设有李珙神像，神像前有求台，前来祭拜的人川流不息，香火一直非常旺。乡民还自发组织纪念李珙的"李王出游"大型祭祀活动，成为永福独具传统的崇祀先贤的民间民俗。

（康忠慧）

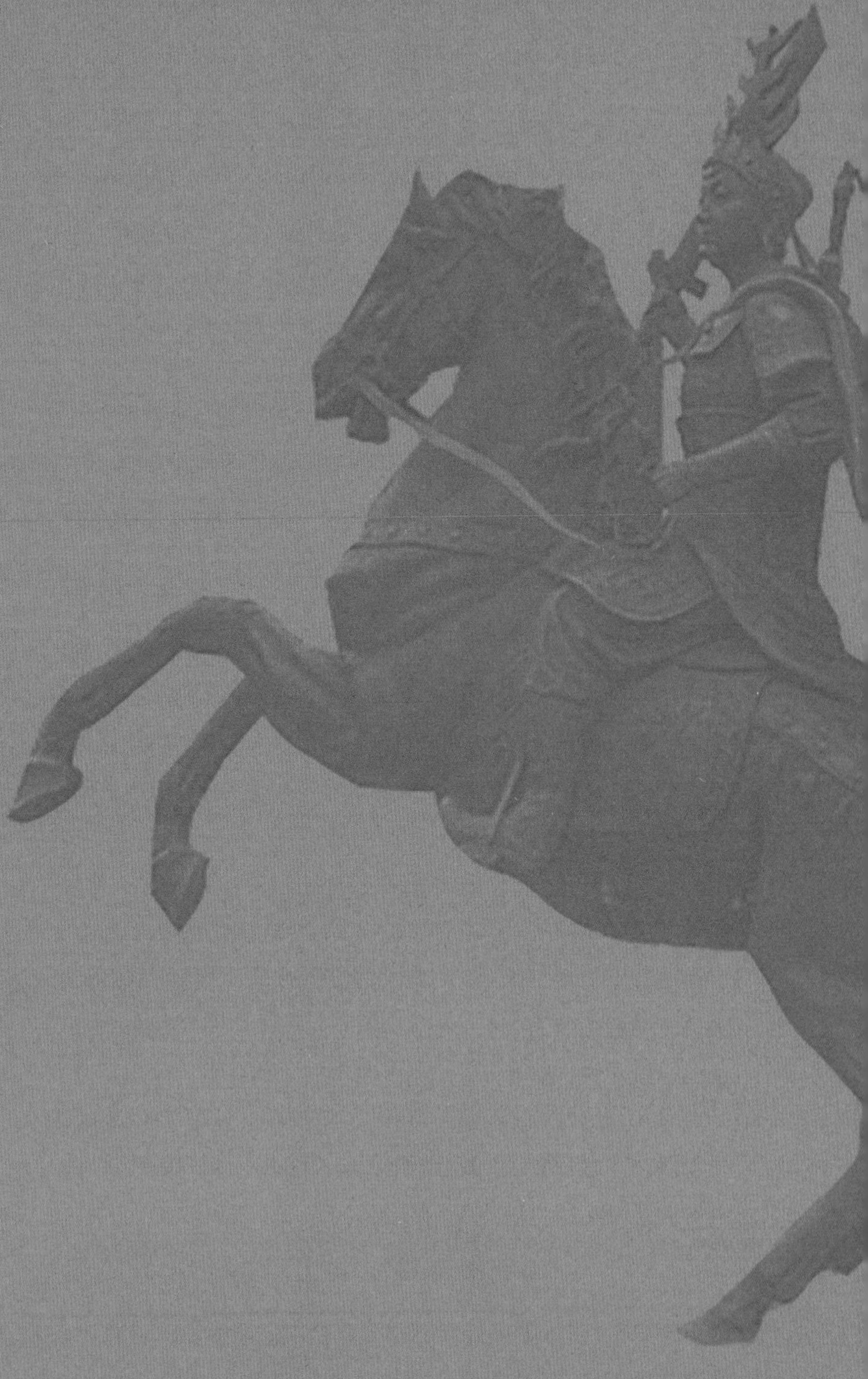

明

## 陶鲁：
## 兴办学校广教化　化剑为犁保安宁

陶鲁（1434~1498），字自强，号节庵，广西玉林人。

陶鲁虽是广西籍，但在浙江出生后，一直没回过老家。他刚满十五岁那年，母亲彭氏带他回玉林老家祭祖，不巧当地发生流行性传染病，彭氏不幸染病，在玉林过世。没承想，母亲下葬不到一年，又传来父亲陶成在浙江镇压农民起事时遇害的消息，不满十六岁的陶鲁又日夜兼程赶到浙江，将父亲陶成的尸体迎回玉林下葬。

因父亲陶成有战功，二十岁时陶鲁便当上了新会县丞，此后一路官运亨通，做到湖广左布政使，兼广东按察副使，并奉命抚治两广地方军务，人称"三广公"。

明朝建立之初，一度减赋轻徭。但明朝自第三位皇帝明成祖朱棣以后，达官贵人愈加奢侈强夺，对人民加紧盘剥，赋役增加，土地兼并集中，贫苦农民被逼反抗的人大为增多。

陶鲁善用谋略，镇压农民起义每战皆捷，起义军提起他的名字，又恨又怕。天顺六年（1462）农民军攻打广东受挫，退回广西经过陶鲁老家玉林时，报复性地洗劫陶鲁在玉林的故居，焚烧其所得诰命，挖掘其祖坟，杀害其亲族。为此明孝宗下诏，改陶鲁籍为广东，补发诰敕，加以慰劳。

但陶鲁也因为这件事，有了新的感悟："治寇贼，化之为先，不得已始杀之耳。"此后，陶鲁为政一直在做两件事，除了平乱，就是建学校。每次他平乱之后，便在当地兴办学校，推广教化。他先后建新兴县学、信宜县学、长乐县学、石城县学、高明县学、封川县学……史书有记载的，他倡导修建的县学就有三十多所。

陶鲁"兴教化"辅助政治的政策也得到朝廷的肯定。广西大藤峡、广东罗旁瑶族起义后，朝廷更加注重少数民族地区的学校建设。在当地增设州、县，增派军队驻守的同时，还在府、州、县治所在地及圩镇设置学校，招收少数民族子弟入学。据《广西通志·教育志》记载，到明末，广西共有府州、县学六十九所，其中除在少数民族地区恢复一些旧有官学外，还兴办了十多所官学，如罗城县学、怀远（今三江侗族自治县丹洲镇）县学、恭城县学、富川县学、思恩（今环江毛南族自治县）县学、庆远府学等。

除了这些地方的县学，明朝在广西还兴办了社学，也就是在乡镇设立学校。当时，广西社学遍及各府州县地区，共有社学二百三十多所，其中壮族聚居区九十五所。明朝在广西少数民族地区建立的学校，远远超过它的前代元朝。

据《广西通志·教育志》记载，明代广西历科乡试取中文科举人的共计五千余名，而当时少数民族聚居比较集中的庆远、太

平、泗城、镇安、思恩等府，中试举人的有三百三十六名，占全广西中试举人总数的百分之六点六，为广西培养了大量少数民族人才。

两广总督之所以成为两广地区常设性的最高军政职务，与陶鲁的建言也有很大关系。两广总督在成化以前并非常设，其职责也没有系统化。当时，在广西大藤峡农民起事一事上，广西和广东的总兵一直相互推诿。广东官员认为，瑶变为广西官员与土官邀功所激变，并且放任暴乱的瑶民东窜，令广东无辜受害。而广西官员则认为"瑶贼"流窜至广东，是因为广东地方防守不力所致。由于双方互相推脱，不肯出兵支援对方，导致广西大藤峡瑶变日益严重。

时任广东按察司佥事的陶鲁上疏，建议在梧州设立总府，驻扎提督两广军务兼理巡抚，解决广西、广东两省在军政治理上完全"两张皮"的现象。此后，重臣任总督驻扎梧州，总督成为"总制两广、抚治军民一应事务"的大臣。

戡乱几乎成了陶鲁仕宦生涯的主要内容。他夺回被劫掠并安抚使之恢复旧业的民众有十三万七千多，力保了一方百姓安宁。两广人倚重他，把他当作"长城"。而他"兴教化"辅助政治的政策，促使更多广西普通劳动人民子弟也能读书识礼。

（蒋晓梅）

## 纪妃：
### 瑶家小女进皇宫　帝子骨肉恸离合

在如今桂林市的东安街，路旁有一口井，叫"圣母池"，看似很不显眼，却有一个凄凉、感人的历史故事。

"圣母"，顾名思义，应是皇上的母亲。这口偏于桂林街头的小井，与皇帝有什么关系？

按理说，广西地处僻远，历朝皇帝选妃几乎没有从广西选出的，只有弘治皇帝朱祐樘的母亲纪太后是来自广西的贺州瑶族地区。这在广西历史上，算是唯一的瑶家皇太后。

明中叶，广西贺县与广东连山县一带的瑶、壮民族忍受不了剥削和压迫，纷纷起事。朝廷多次用兵。在一次镇压中，贺县桂岭镇一个瑶族土司被杀，他的小女儿被俘虏到北京，献入皇宫。《明史》载，女孩姓纪，"贺县人，本蛮土官女"。据说当地土话中的"纪"与"李"发音相同，但笔者亲历采访，发现两字并非同音。当然，也有说纪妃不是桂岭人，而是广东连山瑶族地区的。

这女孩长得白皙、美丽，且粗通文墨。进京后，皇后亲授文字，并安排她管理内藏图书。成化五年（1469）秋，皇帝朱见深

偶然来到内藏游玩，恰与纪宫人相遇。他见纪宫人面若桃花，不觉上前询问内藏书籍数字。纪宫人口齿伶俐，应对详明。皇帝心喜，当即临幸了纪宫人，竟使她怀孕。

不过，好运没有等待这位纪宫人。当时后宫有个叫万贵妃的专宠，其性情古怪、孤僻，唯恐别的妃子生子动摇自己的专宠地位。因此，一旦得知有妃嫔或宫女怀孕，就设法毒死胎儿，或让孕妇堕胎。

纪宫人怀孕的事很快传到万贵妃耳中，她暗中指使宫婢下药，但药物没有奏效。万贵妃又派贴心宫女去伺机陷害，不想那个宫女却心怀同情，回来汇报说，纪宫人不是怀孕，是"病痞"，即腹腔内郁结成块。万贵妃半信半疑，便把纪宫人打入非常冷清的内安乐堂。成化六年（1470）七月三日，纪宫人产下一子，守门太监张敏冒着生命危险，把皇子藏在一间空屋子里，悄悄加以哺养，六年不敢剃胎发。

成化十一年（1475）五月，成化皇帝叫太监张敏给他梳头。皇帝对着镜子，看到自己已有白发，想到自己年近三十尚无一子，而自己的祖宗们很少有活过四十岁的，于是自言自语道："老将至而无子，可叹也！"站在皇帝身后的张敏，一头跪倒在皇帝面前，说道："其实万岁并非无子，皇子就在西内。"成化皇帝听罢，犹如喜从天降，立刻下令起驾西内，并派张敏赶快去接皇子。

一会儿，一个小儿披着小红袍从小轿中走出。《明史》记载，小皇子被"拥至阶下，发披地，走投帝怀"。原来，纪宫人见到张敏欣喜而来，知道儿子要被接走，感到吉凶未卜，不由得泣不成声，一边给小皇子穿上小红袍，一边告诉儿子，说："儿去，吾不得生。儿见黄袍有须者，即儿父也。"儿子作为"黑人黑户"，六岁不敢剃胎发，不知道胡须是什么，比画了半天才明白。成化皇帝见到儿子，悲喜交加，抱着放在膝上。小儿隆鼻高额，颅骨耸起，只是头顶上有一圈没有长头发。皇帝当然不知这是万贵妃施药留下的后遗症。他越看越爱，连声说："我子也，像我，像我！"皇帝于是给小儿取名"祐樘"，又封纪宫人为淑妃，迁出内安乐堂。

● 今桂林市东安街纪太后曾经梳洗过的圣母池

历经六年苦难后，纪淑妃并未苦尽甘来：皇帝认子不到一月，她便不幸染病，皇子被迫与母亲分居。成化十一年（1475）六月二十八日，纪淑妃病逝，年仅二十三岁。史书上对纪淑妃之死，有多种说法，《明史》的记载是"纪淑妃之死，实（万）妃为之"。

这年十一月，皇子被立为太子。纪淑妃死后，万贵妃总想除掉太子。一天，她叫太子去她宫里玩。疼爱太子的祖母周太后不便拒绝，谆谆告诫太子："儿去，勿食也。"太子到了万贵妃处，见她端出很多糖果食物，强忍住不吃，只顾玩耍。万贵妃主动喂他，太子以"在祖母处已吃饱"为由推却。万贵妃最后端来一碗羹，硬要太子喝下。六岁的小孩一时想不起理由，只好照直说"疑有毒"。这万贵妃一听，绝望地说："此儿小小年纪，就对我这样，将来我要死在他手上了。"于是，气得生起病来。成化二十三年（1487）春天，万贵妃终于死去。几个月后，成化皇帝也驾崩。

朱祐樘登基后为弘治皇帝。他一边处理政事，一边开始在广西寻亲。起初，纪宫人在宫中时，曾自言家在广西贺县，姓纪，"幼不能记其亲族"。这话却被在场的太监郭镛听到并记了下来。弘治皇帝也只是在很小的时候，听母亲在内安乐堂说过。多年过去了，要找到母亲的亲人，谈何容易？但弘治皇帝决心报答母亲的养育之恩。他多次派人到广西贺州、广东连州一带的瑶族地区去寻访，也曾多次上当受骗，终不言悔。

皇帝又追赠纪太后的父亲、母亲，甚至曾祖、祖父为官，并在贺州重修纪太后祖上坟墓，并于弘治二年（1489）特设立龙塘巡检司,专门守护。

弘治三年(1490),有大臣上书说:过去太祖与马皇后同起艰难,建国后想寻其家族,尚不可得。广西在战争之后,兵荒马乱,何况贺州、连州不是平原之地,又怎么能找到纪太后亲人呢?不如在桂林立祠祭祀。弘治皇帝于是封太后之父母,并在桂林立庙树碑,令有关部门岁时致祭。如今在贺州还有"明孝穆太后先冢"遗址,尚存有翁仲、石羊、石兽和石龟。

桂林圣母池,是因纪姑娘被掳进京时,曾在此梳洗,当时也曾修建;后人为纪念,又曾重修。

应该说,纪妃对明朝谈不上多大贡献,但她生了一个儿子,当了皇帝,这个皇帝很争气,在他的治理下,明朝出现了"弘治中兴"的短暂辉煌。

(蒋钦挥)

# 计宗道：
## 擢第解元探星云　厝意文理忧黎元

柳州历史上共出过九个文解元、两个武解元，计宗道是最早的一个解元。

计宗道（1461~1519），字惟中，先祖计国选是山东青州府益都县人，明洪武四年（1371）从征至柳州，以功授马平县五都都亳镇（今柳江区洛满镇）巡检司巡检。从计宗道的父亲计贤起，他们就迁到了柳州城东厢的罗池街居住，建起了罗池书屋，苦读诗书。

成化十六年（1480），年仅十九岁的计宗道乡试中解元，成为全省读书人羡慕的焦点，为此还刻制了一方"解元擢第"的钤印。弘治年间，目睹百姓疾苦，计宗道向朝廷呈上《乞减马平县余田加征状》，请求减除余田（野峒深山之田）加征粮赋，以缓解百姓的困难。弘治七年（1494），柳江洪水泛滥，马平县学被冲毁。当时有人提议将县学并入府学，计宗道为此上书提学佥事彭甫，反复论辩。随后又上书两广总督兼广西巡抚邓廷瓒，力陈应仍旧设学，得到批准后重新修建马平县学。明代才子桑悦在《马平县重修儒学碑记》中对此事有记载。

弘治十二年（1499），计宗道又考中进士。弘治十五年（1502），在江南繁盛之地常熟担任知县。三年任内，政绩颇多，民国年间编纂的《重修常昭合志》说他英果有为，识大体，临事有主见。遇到灾荒歉收的年份，计宗道敢于为民请命，力争减免赋税。他主持修筑了三十多处河渠塘坝，还曾因为祈雨不果而焚烧神像，这在当时来说，更是一个很大胆的举动。

正德三年（1508），计宗道升任福建延平府同知。明人何乔远在《闽书》中称赞他为人刚直，不阿谀奉承。此后历任户部郎中、湖广衡州知府。

与传统只读圣贤书的士大夫不同的是，计宗道对自然科学有着浓厚的兴趣。根据明代《谈林》一书记载，他曾购藏有一套"铜铸字"（即铜活字），又亲自设计自动吸水机械桌，开动后可以抽水沿桌脚上到桌面。计宗道对新事物的敏感，反映出其思想的开阔，这正是中国传统士大夫所缺乏或者滞后的。

计宗道还重刻了《天文图》碑，更是传承我国古代天文科学成果的一大贡献。中国科技史书中称这件天文图碑为《常熟县学天文图碑》。碑的原刻者杨子器于弘治九年至十二年（1496~1499）任常熟知县，刻制《天文图》《地理图》二碑，树于文庙戟门。计宗道继任之后，因为拓碑的人太多，日久磨灭，于是在正德元年（1506）命石工重新翻镌了这两块图碑。

《地理图》碑散佚已久，《天文图》碑几经周折，1974年发现后由常熟县文管会移入碑房进行保护。有关这幅天文图的科学研究价值，天文史学家做了高度的评价，一致认为：常熟石刻天文

图,虽不少地方科学性较差,但星名星数齐全而正确,不失为一幅星象完整的优良古星图,不失为《敦煌星图》《新仪象法要星图》和《苏州石刻天文图》之后的一幅重要星图,在我国古代天文史上也占有不可忽视的地位。

在常熟任知县期间,计宗道常常在公事之余招集当地的诗文名流,在名胜地虞山、尚湖谈诗论文。弘治十七年(1504)秋天,以"文章意气高一世"的杨循吉驾舟北游,来到尚湖,计宗道尽地主之谊,招邀文人墨客蒋钦、钱仁夫等和杨循吉聚会唱和,一时群贤毕至,称为风雅盛事。事后,计宗道将雅集诗作投赠"明四家"之首的书画名家沈周,时年已八十一岁的沈周绘制了一幅《虞山雅集图》。

计宗道还将各家唱和诗刻石作记,并修筑雅集亭。此亭位于今常熟虞山南麓原逍遥游后山坡,在清代嘉庆年间重修,1985年由常熟市园林管理处再建。

此外,计宗道还校订过宋人的《诸史偶论》一书。清乾隆《四库全书》开馆时,此书由两淮盐政使李续呈送。柳州市柳侯祠现存有他书写的《荔子碑》石刻一方。

正德十四年(1519),计宗道病故于知府任上。其以"乡贤"的身份,被列入万历、康熙、雍正、嘉庆《广西通志》,乾隆《柳州府志》《马平县志》,民国《柳江县志》及新编《柳州市志》;嘉靖、崇祯《常熟县志》、民国《常昭合志》等常熟地方志则将其列入"名宦"。这是中国传统社会一个人肯定人生价值的最好证明。

(康忠慧)

## 蒋冕：
### 匡弼明廷登首辅　吟咏湘皋究理学

蒋冕（1463~1532），字敬之，一字敬所，号湘皋，十五岁中解元，二十五岁与兄蒋昇中同榜进士，官至首辅内阁大学士，为广西人在封建社会做过的最大的官。

《四库提要》评价："冕当正德之末，主昏政怠，独持正不挠，凡所建白俱切时务。嘉靖初，大礼议起，冕固执为人后之说，卒龃龉以去。丰裁岳岳，在当时不愧名臣。"《明史》说他"持正不挠，有匡弼功"。

蒋冕于正德十一年（1516）以礼部尚书兼文渊阁大学士，而当时的皇帝武宗朱厚照最难侍候：他在位十六年，其中有七年在外巡游，常常一出巡就是数月，有时长达一年。正德十四年（1519）五月，宁王朱宸濠在江西谋反。武宗借机南巡，令内阁大学士梁储、蒋冕以及边将江彬等随征。行至涿州，朱宸濠却被巡抚南赣都御史王守仁所擒，距事发仅三十五天。捷报传来，武宗扣下不公布，继续南下，并令王守仁释放朱宸濠，要待自己擒拿。

正德十五年（1520）八月，距捉住朱宸濠已一年有余，梁储、

蒋冕上疏八九次请回京。武宗不听。时行宫里有屡见妖异之传闻，谣言百出，人情汹汹。梁、蒋两位老臣哭谏，"手疏跪行宫门外，历未至酉"。那时梁储年近七十，蒋冕也近六十。武宗只好答应返京。过清江浦时，武宗捕鱼落水，自此得病。次年三月死于京城，年仅三十一岁。

武宗死时，已有反意的江彬恰好不在，杨廷和与蒋冕、毛纪等秘不发丧，以坤宁宫安放兽吻（装饰门环之具）为名召江彬入，一举擒拿，为朝廷解除了一大隐患。

武宗无后，又没胞弟，内阁经请示武宗之母张太后，立封在湖北安陆（今湖北钟祥）的兴献王之子、武宗堂弟朱厚熜为帝。首辅杨廷和用激将法，派梁储到安陆接朱厚熜，留下蒋冕在京协助自己。

十五岁的朱厚熜登基后，次年改年号嘉靖，是为世宗。他接受内阁大臣起草的《即位诏》，减免税赋，裁减冗兵闲官，停止一切不必要的工役，清理盐政漕运和部分皇庄官庄，慎刑审，开言路，举国大悦。因内阁有定国策、除奸佞、安社稷的大功，世宗破例封内阁大臣为伯爵并荫及子孙。阁臣却不愿受功，其中蒋冕五次上疏辞封。

朱厚熜当皇帝的第六天，便命廷臣讨议已去世的生父兴献王朱祐杬的尊号。杨廷和等人认为应尊孝宗（即武宗父亲弘治皇帝）为皇考，兴献王为皇叔考，母蒋妃为兴国太妃，自称侄皇帝，也就是先过继给伯父做儿子。世宗很不高兴，质问："难道父母能更换吗？"

两天后，世宗很客气地召见杨廷和、蒋冕、毛纪，想说服他们。时梁储已退休，三位阁臣及礼部尚书毛澄等却毫不动摇。世宗无奈，便派太监到毛澄家长跪不起，并拿出一袋金子，说是皇上所赐。毛澄拒收，并请病假乞归。

这时恰有还在试用期的进士张璁，窥测帝意，上《大礼疏》称：世宗是直接入继皇位的，不必"强夺此父子之亲，建彼父子之号"。世宗看了大喜，令送内阁大臣，岂料杨廷和不屑一顾，将疏封还。世宗又召三位阁臣，说"至亲莫若父母"，并以手敕一纸交杨廷和，尊父为兴献皇帝，母为兴献皇后。说话时还流出泪来。三位阁臣却不改主意。

● 蒋冕塑像

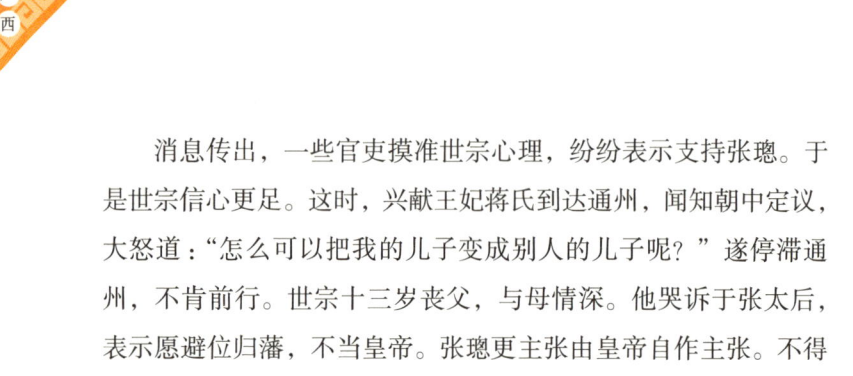

消息传出，一些官吏摸准世宗心理，纷纷表示支持张璁。于是世宗信心更足。这时，兴献王妃蒋氏到达通州，闻知朝中定议，大怒道："怎么可以把我的儿子变成别人的儿子呢？"遂停滞通州，不肯前行。世宗十三岁丧父，与母情深。他哭诉于张太后，表示愿避位归藩，不当皇帝。张璁更主张由皇帝自作主张。不得已，杨廷和等与皇帝达成妥协，尊孝宗为"皇考"，兴献王为"本生父兴献帝"。

杨廷和虽让步，但授意吏部将张璁派往南京任刑部主事。世宗总希望在"帝"前加一"皇"字，于十二月下谕，说自己贵为天子，对生身父母必须极其尊敬，否则就是不孝。蒋冕却认为这是为一己之私。

就在君臣争执不下时，一把大火解了围：嘉靖元年（1522）正月，世宗祭完天地刚回宫，乾清宫发生火灾，烧去房屋数间。蒋冕等遂上疏说：郊祀时万里无云，何故大礼成而有天变？又火起不在他处，何以迫近清宁后殿？一定是列祖列宗示警。

世宗一生迷信鬼神，暂时打消了加"皇"字的念头。

大礼初定，世宗因不能满足私愿，"常忽忽有所恨"；张璁到南京后与刑部主事桂萼、兵部右侍郎席书等结成集团。嘉靖二年（1523），桂萼上疏请改称孝宗为"皇伯考"，兴献帝为"皇考"，再另立一庙以祀"皇考"。同时，有人攻讦内阁"擅威权以移主柄"。阁老们也不妥协，变相罢工。蒋冕借口"素有羸疾"，请求退休。皇帝三次派太监到杨廷和、蒋冕家催促，阁臣这才上朝。但世宗罢免了毛澄。

嘉靖三年（1524）二月，杨廷和退休，蒋冕继任首辅。皇帝又罢免礼部尚书汪俊，"用席书代之"。蒋冕见皇帝"掺沙子"，便上疏引古人语"官守者不得其职则去"，认为自己作为首辅，明知不对而无法改变，就应该离职。世宗虽然不悦，还是留之。四月，蒋冕复请罢建庙之议，又说席书等与自己"无一语不冰炭相反"；疏中再以天变为言。世宗不再挽留。五月，蒋冕致仕还乡，任首辅仅两个多月。蒋辞职后，毛纪继为首辅，仍不改初衷，"其代冕亦仅三月"。而逢迎帝意的张璁、桂萼，分别于嘉靖五年（1526）和八年（1529）入内阁。

然而，蒋冕这位"有古大臣风"的"理学名臣"，致仕三年后，还与杨廷和、毛纪等被下诏削职为民，直到死后三十五年，至隆庆时才诏复原称，并赐谥"文定"。其著有《湘皋集》四十卷，今存。

（蒋钦挥）

## 吴廷举：
## 铁骨斗奸胆不寒　长川百折怒未已

中国历代王朝史，几乎一直伴随着一部忠臣良将与太监、权奸的斗争史，许多朝代都出现了"主昏政乱、阉奸横行"的局面，而明朝可以说是中国历史上宦官当道、阉党横行最为严重的时期。这一时期也出现了很多忠臣、诤臣，吴廷举就是其中一位。

吴廷举（1459~1525），字献臣，号东湖，出生于苍梧（今梧州）凤凰山。他的一生都在与阉奸斗争，曾两次下狱，被严刑拷打逼供，一次被放逐到遥远的山西雁门，最后被迫辞官归田。

吴廷举十六岁就乡试中举，二十九岁授进士出身。他所处的时代，正是明朝太监受宠、权力膨胀的时代。地方官吏惧怕太监的权势，往往迁就奉承。吴廷举当广东顺德知县的时候，巡按湖广都御史屠滽召见了他，给他派了个任务："顺德大珰（即大宦官）某嘱我修其家庙，可稍葺之。"要他派工拨款，为大珰修葺祠堂。吴廷举当场回答："我一夫不敢役，一钱不敢收。"连都御史都怕大珰，而小小"芝麻官"却敢不从，这就是浩然正气！

也就是在这段时间，朝廷常常给宦官委任官职，派往各地执行任务,当时派往顺德市舶司的任务是"以银委买葛布充贡"。葛布是岭南特产,一种用葛纤维织成的凉爽夏布。

但所谓"以银委买"也就是说说而已,地方官吏为了讨好宦官,一方面以"充贡"为名在民间勒索,一方面又把钱款退还宦官,宦官从中获取了大量钱财。吴廷举却不搞这一套,你给我多少钱,我就买多少布。市舶司收不回"委买葛布"的银子,便对他记恨于心,寻找机会造谣中伤。

此前,吴廷举曾下令将顺德二百五十间滥建的祠庙拆毁,将建材用作修建书院及筑堤防洪。这本是一举两得的好事,可是宦官权奸却诬蔑吴廷举从中贪赃枉法。监察御史兼湖广巡按汪宗器听信谗言,吴廷举被"囚服桎手",吃了官司。当时顺德百姓和属吏一起哭诉,汪宗器查实,内心惭愧,才将吴廷举无罪释放。

吴廷举在宦官权奸这里吃了几次亏,可面对更大的权阉时,他仍然不顾个人安危得失,矢志坚持信念。弘治十八年(1505),吴廷举被任命为松江(今上海)知府,几个月后又被任命为兵部佥事,协助两广总督潘蕃管南海兵事,兼管屯田、盐法等工作。这一次,他跟掌管朝廷刑讯大权的宦官头目刘瑾"对上"了。

刘瑾原来是武宗朱厚照当太子时的宠信侍从,为人极为阴险狡恶。朱厚照当了皇帝,就任他为司礼监掌印兼提督团练。朝臣不满,皇帝反而变本加厉,把奏章一股脑儿都扔给刘瑾处理。刘瑾可以从奏章中任意曲解,诬陷忠良,相当于掌握了朝臣的生杀大权。

一次,刘瑾派人查盘广东省库银解京,"顺便"索要一些"辛

苦费"。地方官打算动用盐法道的库银,当作"红包"献给刘瑾。吴廷举坚决制止,还上疏朝廷,说盐法道库银是"留备两广兵兴之资",打仗用的,不能动。刘瑾憋了一肚子气,只好另设奸计,伺机报复。

没多久,吴廷举又发现太监、琼州镇守潘忠贪赃枉法,横行霸道,作恶多端,就上疏朝廷,列了潘忠的二十条罪状。这两个被他得罪了的宦官凑在一起,想了个坏招:潘忠捏造罪名上疏,刘瑾则假借圣旨,逮捕吴廷举入狱。后严刑逼供,但始终找不到罪证。最后勉强找了个借口,说吴廷举从成都返回苍梧给母亲办丧事,是"枉返回乡"之罪,给他上枷戴锁,罚他站在吏部衙门前十二天,不给饮食,这显然是要弄死他了。

幸好吴廷举的弟弟吴廷弼也在京中,他穿着举人服饰,每天跑到吏部衙门,"日操饭食廷举,夜则卧其械下",一连照顾了哥哥九天。此情此景,让一个叫宿进的刑部主事非常愤怒,上书帮吴廷举喊冤。辅臣张寀出面辩解,朝臣也纷纷响应。刘瑾只得释放了吴廷举,改判流放到万里之外的雁门关。

在流放途中,吴廷举写了一首《示弟》:

万里间关作楚囚,半生辛苦为谁谋。
倾危九死过苏轼,患难相扶赖子由。
心事仰祈天日照,话言敢望史官收。
更有一事为君累,葬我白云山上头。

这首诗,把自己和弟弟的兄弟情深比作了苏东坡和弟弟子由,同时对宦官权奸仍然毫不示弱:我就是敢说敢做,有本事你全让史官记下来给后辈看看。

正德五年(1510),刘瑾伏诛,吴廷举获平反,先后任云南兵备副使、江西右参政、广东右布政使、右副都御史,最后任工部及兵部右侍郎。这期间,吴廷举在"赈恤凶荒、折豪强、植贫弱、禁私铎、止妄工"等方面都做出了显著业绩。他还针砭时弊,给刚继位的嘉靖皇帝上了一篇"勤学修政,远佞亲贤"疏,惹得皇帝很不高兴,被迫辞官归田。

吴廷举回到家乡梧州凤凰山,得到父老乡亲的热烈欢迎。他为官近四十年,却两袖清风,身无余财。他在住所旁办了"东湖书院",人称"东湖先生",潜心教学,使贫家子弟获得免费入学的机会。嘉靖四年(1525),吴廷举在东湖书院病逝,终年六十六岁。

吴廷举辞世后,与他从未谋面的著名哲学家、教育家王守仁敬仰他的为人,写了祭文,高度赞扬他:"公之志,如长川逝河,信其所趋,虽百折而不回;公之节,如坚松古柏,必岁寒而后见。"曾任明代吏、礼、兵部尚书的湛若水也称他"浩浩东湖,节节苍梧""百屈不折,遍身是胆"。但这位好官终究是不在了,今人只能抚书凭吊,佩服他的铁骨铮铮、赤胆忠心。

(虞达文　龚文颖)

## 佘勉学：
## 门无私馈良士宦　清节著闻好乡贤

佘勉学、佘立父子，同因出身进士、为官政绩卓著而名世，并同列于明代"柳州八贤"之中。

佘勉学的父亲佘崇凤，字碧桐，弘治五年（1492）举人，任福建光泽县令，迁四川合州（今重庆市合川区）知州。《柳州府志·乡贤传》说他："所至皆有政声，其治家尤有法度，教子孙务循礼义，故后嗣皆能克绍先志焉。"

佘勉学，生卒年不详，字行甫，号东台，明代马平（治今柳州市）人，祖居今柳东乡社湾村。明代的佘氏在柳州为世家望族。佘勉学自幼受到严格教育。正德八年（1513）考中举人，嘉靖二年（1523）中进士，次年出任钱塘县（今浙江省杭州市）知县。在知县任上，佘勉学甘于清苦，"门无私馈"，为政颇得当地士民的敬爱，而"黠吏猾民"则不敢作奸犯科。

初登仕途，佘勉学就显示出为政清明的优良品格。嘉靖七年（1528）三月，佘勉学升任南京陕西道监察御史。在监察御史任上，佘勉学奉公守法，遇事敢言，不辱职守，不畏权奸。嘉靖十年(1531)十二月,他因与同僚上疏弹劾吏部尚书汪铉"秉铨不法"而被下镇抚司狱。不久,汪铉事败,佘勉学等人得释出狱。嘉靖十三年(1534),佘勉学迁广东连州判官,从此,开始了十余年在州郡任职的历史。

佘勉学在连州任上的主要事迹,旧志记载是"剿平平南及新峒诸贼"。在这之后,佘勉学擢任四川的嘉定州(治今乐山)知州。嘉靖二十二年(1543),他又出任松江府(今上海市)同知。南来北往,舟车迢遥,他也因此增长了治理一方的经验,对社会有了更多的阅历。不久,佘勉学因政绩突出升任徽州府(治今安徽歙县)知府。佘勉学"回翔州郡几十余岁"(何乔远《闽书》),他在致友人张文宪的信中说:"若小弟者虽叨榜末,久滞下僚,白首为郎,仅得黄金横带,绯衣蔽体,不免赤面仰人,顾影自怜,拊膺增慨。虽职业之修,未敢顿废,而山林之兴,日觉其长。"语中不免流露出归隐田园之思,但从政为民则不改初衷。任上,遇天大旱,佘勉学发仓赈济,民众多赖以存活。

徽州当地风俗,多有诉讼之事,佘勉学常喻之以理,因而"囹圄几空"。这些事迹,都见于旧志的记载。

后因母亲病逝,佘勉学归家守制。此时柳州正在修建外郭城。主政之官请他撰写《柳州北郭碑记》,因此留下了有关柳州古城修建的重要文献。

该文章开篇描述柳州城的山水地理大势:"吾柳郡城当五岭西南,牂牁水自西北来会,绕郡城三隅,周旋东注,虽非汉广,亦可谓天堑矣。独直北一面,通途数道,无封域之限、山溪之阻,

我固可往,彼亦可来。"记述城址勘查、建筑费用的考量,有"乃布德兆谋,披草莱,躬陟降,既景乃冈,考中用极,度财计工,审时约费为计簿"之语;述城门取名用意,有"即郭之中为谯门,凡三。正北曰拱辰,心王室,思藩屏也。东曰宾曦,崇阳德,布和惠也。西曰留照,存阳明,烛幽昧也"之文。兴建之事在动荡平定之初,文中申述"吾闻仁者以天地万物为一体,故其视民之忧犹己之忧,天下之事犹一家之事",希望为政者以民之忧为己之忧,先天下之忧而忧。

守制期满后,佘勉学补任常州知府,不久晋升为天津兵备道。此时发生了明代历史上有名的"庚戌之变"。

嘉靖二十九年(1550),俺答大举进攻明军。八月,蓟镇兵大溃,俺答兵至密云、怀柔、通县,分兵掠昌平,京师戒严。内阁首辅严嵩以"败于边可隐,败于郊不可隐",说"寇饱,自飏去耳",不准诸将出击。俺答军大掠内地八日,"满志捆载去"。事后,严嵩之子严世蕃反而唆使言官以俺答攻近都城为由,弹劾佘勉学,但有惊无险。

嘉靖三十一年(1552),佘勉学升任贵州按察副使。任上,他平反冤狱多起,政绩日见突出。嘉靖三十三年(1554),佘勉学任福建布政司左参政。后官至福建按察使,"仍以触时忌致政归"。历官三十余年间,佘勉学"清节著闻,不增田宅,柳人称乡先生可法者,必推勉学"(《柳州府志·佘勉学传》)。柳州民众在城内华荣寺附近为他建立"廉宪"坊,以示敬仰之情。

(刘汉忠)

## 吕调阳：
## 桂林山水育次辅　皇帝见面称先生

明末，有一位广西人深得皇帝的器重。皇帝从不直呼其名，始终称其为"先生"。他去世时，皇帝还"辍朝一日"，致哀一天。他尊荣享尽，为官场之奇迹。他就是临桂人吕调阳。

吕调阳为明嘉靖间翰林院编修吕璋之后，明正德十一年（1516）出生于广西桂林城南文昌门。少年时代的吕调阳，已是名震四方的小秀才。他于嘉靖十三年（1534）十八岁时中举，二十九年（1550）三十四岁时廷试获一甲二名，即榜眼，初授翰林院编修。隆庆元年（1567）先后任南京、北京国子监祭酒。是年冬天，他又先后被派往南京、北京任礼部侍郎，不久升吏部左侍郎（明朝以左为大，左侍郎相当于常务副部长）。隆庆五年（1571）为辛未科副典试官。次年穆宗去世，神宗登基。神宗皇帝仅九岁，大权由内阁代理。是年六月，首辅张居正荐请吕调阳以礼部尚书兼文渊阁大学士，入内阁参与机务，成为次辅。万历八年（1580）去世，谥"文简"。

张居正为了挽救危机四伏的明王朝，以非凡的魄力和智慧，

整饬朝纲，巩固国防，推行了一系列的改革。而改革要涉及许多错综复杂的矛盾，会触犯许多权贵的利益，需要绝对的权威。张居正之所以选择吕调阳做次辅，是因为他性格温厚，办事公道，从不拉帮结派。《临桂县志》云：吕调阳"所树惟恐见知，所急惟恐见德""人故无所籍以颂公"。

明朝末年，政治重心转至内阁，谁当首辅谁就能主宰国政。万历五年（1577），首辅张居正父亲去世。按大明祖制，官员丧父母要辞官守孝二十七个月，称"丁忧"；期满回来上班，谓之"起复"；若皇上特批立即起复，穿素服办公，不用离职守孝，就是"夺情"。政敌们认为夺权机会到了，暗流涌动，等待张居正去职丁忧。内阁中也有人认为吕调阳可以顺理成章当上首辅，甚至已有人到吕调阳处贺喜。然而吕调阳却上疏，说张居正肩负先帝托孤重任，还要扶保社稷，无论如何都要留任。他引用先朝杨溥等旧例，请求皇上让张居正"夺情"。这样一来，御史曾士楚、吏科给事中陈三谟上疏，请留首辅。南北两京各院部官员也纷纷跟进，大力吁请挽留，一时形成"保留"风潮。皇帝只准张居正回家尽孝四十九天，稳住了动荡的局势。

在张居正回家安葬父亲期间，吕调阳也不越权，小事由张四维处理，大事派人驰报张居正决断。后来，为避揽权之嫌，还连上十疏称疾，要求回家养病。万历帝以吕调阳"久疾未痊，特准回籍调理"，让其于万历六年（1578）七月初六致仕。

从明朝初年起，日本的土豪、浪人常常来我国沿海骚扰，沿海人民十分痛恨，称之为"倭寇"。与此同时，被朱元璋打败的方国珍、张士诚残部也亡命海上，与倭寇勾结。东南沿海闽浙大姓、奸商、土豪也串通倭寇，非法贸易，获取暴利，"大抵真倭十之三，从倭者十之七"。一些海盗流氓还穿倭服，挂倭旗，四处杀掠，气焰嚣张。

嘉靖年间（1522~1566），朝廷征调广西俍兵（壮族土官兵）、湖南土兵（湘西土家族土司兵）前往东南沿海抗倭。瓦氏夫人请命应征，率军六千八百余人赴沿海与俞大猷等部协同作战，给倭寇以毁灭性打击，获得抗倭的重大胜利。瓦氏夫人病逝后，抗倭主帅张经遭严嵩爪牙赵文华陷害，倭寇又在沿海猖狂起来。嘉靖四十五年（1566），严嵩倒台后，徐阶、张居正等掌权，起用谭纶、戚继光，练兵蓟州，开始整理边务。戚继光筑台三千，自居庸关至山海关，控守要害，以对倭寇作战有经验的浙兵为主力，加紧训练戚家军。由于倭寇时而东、时而西，偷袭不止，戚家军防不胜防。

吕调阳知道这一情况后，经过周密调查了解，想出一个用大刀破倭寇的战术。吕调阳让人打制了一批铜铃、大刀，用牛皮和铜做头盔铠甲，装备戚家军。有了高头大马、锋利大刀，戚家军如虎添翼，一有倭寇的消息，大队骑兵立刻出发，"丁零、丁零"之声响彻大地。战马听到铜铃声，精神大振，四蹄如飞，身材高大的军汉身穿坚固的铠甲，挥舞大刀，向倭寇头上砍去，刀到头落，倭寇吓得不敢上岸，只能在远海活动，沿海倭患渐渐平息下来。

（潘茨宣）

## 瓦氏夫人：
## 壮族花甲女英雄　率队出征杀倭寇

嘉靖三十四年（1555），明朝军队与倭寇的战斗在沿海地区此起彼伏。四月十八日，倭寇向副总兵俞大猷驻守的金山卫进攻失利后，便分兵两千余人，企图迂回金山卫腹地，从平湖向嘉兴杀奔而去。嘉兴是当时明朝抗倭的总部，俞大猷为减轻倭寇对嘉兴的攻势，率狼兵（亦称俍兵）尾追，岂料中了倭寇的伏击，被迫后撤，但倭寇喊杀震天，对后撤的狼兵紧追不舍。

危急时刻，只见一年逾花甲的老太婆，双手挥舞雪亮的大刀，冲上前来，横刀跃马，截住倭寇。倭寇见是一老太婆，不以为意，纷纷挥刀向前。但见老太婆舞起双刀，左右开弓，对准那些冲上来的倭寇，接连砍下数个倭人头颅，其他倭寇见这老太婆的刀法甚是厉害，顿时大惊失色，纷纷后退。明朝军队因此得以脱险。

这位老太婆便是为明朝抗倭立下不朽战功、赫赫有名的瓦氏夫人。

瓦氏夫人于弘治十一年（1498）出生于桂西边陲的镇安府归顺州（今广西靖西市）。她原名岑花，自幼练就一身好武艺，常仗义助寡扶弱,十五岁嫁与田州土官岑猛为妻,称瓦氏夫人。夫妻经常切磋武艺与阵法。瓦氏善使双刀及长矛,被誉为"花双刀";岑猛擅长方天戟和铁甲盾,被称为"猛狼"。当时桂西的土官常为争地盘仇杀不已。瓦氏见岑猛有扰民行为,曾委婉劝阻,但岑猛听不进去,以致冒犯仇家过多,最后被明朝廷所杀。

岑猛死后,瓦氏躬亲摄政,全力辅佐岑猛孙子岑芝治理田州。她根据田州与四邻州府长期纷争的实际情况,积极推行"与邻为善"的主政路线,主动与四邻州府修好关系。瓦氏主政田州后,

● 瓦氏夫人塑像

一面鼓励民众发展生产，重修田州城防，一面以祖传兵法训练勇猛狼兵，以保境安民，使田州政局逐步稳定，这段时期成为田州历史上最为稳定的时期。

嘉靖八年（1529），交趾（今越南）军以象队开路，兵犯归顺境，攻势猛烈。瓦氏夫人的父亲岑璋面临寨城欲破的境地，她闻讯后率田州狼兵赶赴归顺，把交趾寇兵杀得大败而归。

嘉靖二十九年（1550），岑芝受朝廷调遣率狼兵抵琼州作战，不幸阵亡。同年三月，海盗勾结倭寇，连舰数百，南北纵横，如入无人之境，沿海民众深受其害。明朝廷派张经专办剿倭事务，但张经指挥明军与倭寇作战，屡屡受挫。张经曾总督两广军务，深知狼兵的骁勇善战。于是上奏朝廷调用狼兵。嘉靖三十三年（1554）征调令到达田州时，岑芝的儿子岑大寿只有八岁、小儿子岑大禄仅五岁。按理说，瓦氏夫君被朝廷所杀，儿子和孙子战死，曾孙幼小，她可以委婉拒绝这次征战。但她却以年近花甲的高龄，以岑大禄年幼"不能任兵事"为理由，表示自己"愿身往"，主动请求张经允许她亲自带兵前往江浙前线征倭。张经素知瓦氏夫人精通武术，机智而有胆略，也深为她的英勇气概所感动，便准其所请，并报请朝廷授予其"女官参将（总兵）"军衔，让她率狼兵出征。

为了与倭寇作战，瓦氏对狼兵进行了严格的军事训练，不仅注意练格杀技巧，也练阵法，加上严格的军事纪律，使得"其兵可死而不可败"。

瓦氏夫人的侄儿岑匡，是位年方十六的"虎将"，他们到达前线后，不时与倭寇发生遭遇战。一天，岑匡率一支二十一人的狼兵队伍与两百多人的倭寇相遇。倭寇依仗人多势众，想对狼兵进行围杀。岑匡临危不惧，率众勇猛应战，刺死倭贼头目，倭寇顿时阵脚大乱，溃不成军，被岑匡的狼兵杀死五十多人。后人为纪念瓦氏狼兵的这次英勇战斗，曾在松江县城东十里的华阳桥乡东市梢沈家村战地立有"平倭墓"碑一块。

嘉靖三十四年（1555）四月二十一日，海盗以徐海部主力四千余人为中路，进攻金山城。都司白泫率金山卫的狼兵前往助战，遭诡计多端的倭寇重重包围。眼前形势万分危急，瓦氏夫人单枪匹马，舞动双刀直冲倭寇重围。她在敌阵中左冲右突，神速如闪电，锐不可当，凡接近瓦氏的倭寇，非死即伤。最后杀入倭寇的重围之中，将都司白泫与被围困的官兵一道救出。至此，瓦氏的勇猛更加让倭寇胆寒。

不久，瓦氏率狼兵与参将等明朝军队，在今浙江桐乡西的石塘湾，再次大败倭寇，倭寇被迫逃往王江泾。

同年四月二十八日，瓦氏率狼兵配合明军、保靖兵、乡兵等各路兵马，将倭寇驱赶至王江泾以南三华里的杜家浜村倭墩浜（今王江泾镇新桥社区杜家浜），对其进行围杀。至五月初一日，王江泾之役共歼灭倭寇一千九百八十人，倭寇中路大军总共被斩首和溺死者四千余人，仅剩两三百人逃回柘林。

王江泾战役是嘉靖年间抗倭以来取得的第一次重大胜利，这一战首次扭转东南抗倭战局，打破了倭寇不可战胜的神话，给明朝官兵以极大的鼓舞。《明世宗实录》载王江泾大捷说："自有

倭患来，东南用兵未有得志者，此其第一功云。"《明史·列传第九十三》也说："自军兴来，称战功第一。"清代史家查继佐在《罪惟录》中对瓦氏狼兵做了中肯的评价："而王江泾则苗兵、瓦氏之力居多，天子以金绮旌之。"明朝当时有民谣："花瓦家，能杀倭。腊而啖之有如蛇。"江浙人民尊称她为"宝髻将军"，明末清初的诗人和史学家、江苏太仓人吴殳称瓦氏夫人为"石柱女将军"，当地群众也赞誉瓦氏为"石柱将军"，视为抗倭"长城"。

嘉靖三十六年（1557）正月十五瓦氏夫人因积劳成疾，终至心力交瘁，在辛勤忙碌中走完了她生命中的最后一程，病逝田州土司衙署，终年五十九岁。

（蒋廷松）

## 曹学程：
## 强项御史试刀锋　身置囹圄十一年

万历二十年（1592），日本侵略朝鲜，明朝进行抗倭援朝战争，前后七载，剿抚二端，卒无定策。在这场剿、抚争执中，有一位"强项御史"，因反对主和妥协，触怒了好谀恶直的万历皇帝神宗朱翊钧，结果坐了十一年牢狱。

这个人叫曹学程（1563~1608），字希明，号心洛，全州西隅（今全州镇民主街曹家巷）人，也有书载他是全州县才湾镇田心铺人。万历癸未（1583）科进士，先后在湖北石首、浙江宁海做县令，壬辰（1592）时提拔为广东道御史。

曹学程为御史时，正值日本的关白（替日本天皇统摄朝政者，即首相）丰臣秀吉发动侵朝战争。朝鲜国王急忙遣使向明朝求援。明朝一些有见识的大臣认为日本得朝鲜以为巢穴，退可以守，进可以寇，中国从此无安宁之期；朝鲜为我友好邻邦，乃藩篱必争之地，唇亡齿寒，不能坐视不救，应出兵援朝。

神宗采纳了主战派的意见，派兵援朝。但是兵部对敌情估计过低，在朝鲜先后两次兵败。这么一来，大臣之间出现了主和、

主战两派。神宗拿不定主意，便一方面按主战派的意见，以兵部侍郎宋应昌为经略、李如松为提督，统兵援朝；另一方面，又按照主和派兵部尚书石星的主张，让嘉兴无赖却又通口语的沈惟敬以游击将军的名义，暗地与日方议和。

万历二十一年（1593）春，明师再次增援朝鲜，先大捷于平壤，朝鲜所失之开城及四道均收复。后来，李如松以轻骑急进，在碧蹄馆遇到埋伏，结果不得不退至开城。消息传来，主和派借"与倭无仇"为由，主张撤兵议和。

宋应昌急图成功，又想到招抚。于是，派沈惟敬等前去谈判。日方因粮草不继，也愿讲和。四月十八日，日军南撤，退保釜山，汉江以南千里朝鲜故土收复。九月间，日本提出要明朝封贡。

这时，御史曹学程督畿辅屯田刚回京，不知前后争端，听说对倭封贡，觉得有失国体，便凭着一腔报国热情，向神宗进呈了《谏封倭疏》，破题就是"倭情已变，封事宜停，恳乞殛贼臣、止册使，以存国体，以安宗社"。

首先，他指出神宗在抚剿两端中没有主见，受人左右。其次，分析日本侵略野心，认为切不可与封。最后，指出主和投降派始终执拗，目的在于排斥异己，甘心媚倭。

没想到神宗看罢大怒，认为他刚回京便上此疏，显系与人暗通关节，受人指使，便下令锦衣卫逮捕严审。

神宗为何对曹学程处理如此严重？原因是他还在几件事上都曾得罪过神宗。第一件事是救魏学曾。万历十八年（1590），宁夏哱拜反叛，魏学曾为兵部尚书前往平乱。他想招降叛军三个部下杀其首领哱拜赎罪,不想哱拜与他的三个部下相约同生死,诡言求降,实外则求托缓兵,内则结寇为助。魏学曾不知底细,上请朝廷同意,加上进军失利,神宗将他夺职从军。曹学程列举魏对国家的功劳,希望神宗将他官复原职。

另一件是"建储"之争。事由神宗皇后无子,王恭妃生子常洛(即光宗),郑妃生子常洵(即福王)。神宗极宠爱郑妃,欲舍长立幼,便不先立太子。这种做法当然遭到大臣们的反对。曹学程在《请建储疏》中指责神宗:"今皇上以天下之大事,私议于闺阃之中,而私付之以宰相之札……"在众大臣的坚决反对下,神宗不得已放弃不立太子的主意。

曹学程又于万历十七年(1589)以彗星现,上《星变陈言疏》,列举神宗几大过失,说皇帝"百姓疾苦而不多知,有司贪婪而不加察,涝旱水火连年迭见而皆不内省厥躬"。神宗勃然大怒,竟将曹学程名字写于御屏之上,以示刻骨铭心。

这一次终于以抗倭援朝事,将曹学程下狱。

曹学程下狱后,"钳杖交加,体无完肤"。一班大臣代讼其冤,皇帝皆不纳。曹学程在牢中的第三年,果然不出所料,和议破裂,倭兵再度大举入侵朝鲜,两国重开战事。沈惟敬公开投敌,并充为先导。明军分四路进击,终因遭倭兵背后偷袭,四路相继而败,出访日本的正使杨方亨狼狈而归,他惧怕治罪,不得已才直吐本末,诿罪于沈惟敬,又出示石星前后手书。神宗看罢大怒,将石星下狱治罪,众廷臣趁机请还曹学程职务,神宗不许。

一个偶然因素,结束了这场战争——丰臣秀吉病死,一场前

后长达七年的战争才算平息。

万历二十七年（1599），明将献俘于朝，神宗大行封赏，有功之臣均获封赏，唯独不赦敢进忠言的曹学程。

曹学程在北京监狱候斩，他次子曹正儒曾徒步至京，进狱省视，见父亲骨瘦如柴，坐待刑戮，当场呕血昏厥于地。被救醒之后，他当即挥泪刺血写书，愿以身代。神宗却毫不通融。第二年秋，曹正儒再次向神宗请求，自愿代死，如果不允许，则请先父亲而死。神宗仍不理。

曹学程在狱中备受折磨，曾四次临刑。在京的乡友狱中置酒相诀，曹学程"痛饮达旦无怖色，从容上槛车"。后一日被缚赴市欲斩首，忽然"风霾蔽天，木拔瓦飞"。执行官再三奏免，才免除死刑，但未赦免。曹学程在狱中十一年，先后有内阁、翰林、台省、各部以及寺官"同声救释，皆不报"。

曹学程在牢中只以父亲西塘公不能赡养为痛，以母亲垂暮倚间之望为忧，忠孝之心发之于诗，有"恋阙心犹在，思亲泪未干。主恩深似海，臣节炳如丹"之句。直到神宗加皇太后的徽号，又遇大臣力请宽宥，曹学程才蒙释出狱，谪守湖广宁远卫（治所为今湖南道县）。不到一年，其老母去世，此时他自己也染病在身，两年后便谢世，只活了四十五岁。

（蒋钦挥）

## 袁崇焕：
## 杖策只因图雪耻　横戈原不为封侯

平南县赤马乡的白马村，隔着滔滔的西江与藤县相望。这个小村子是个不平凡的地方。五代十国时期南汉的状元梁嵩（平南人），就曾在这里骑白马渡东濠河而遇难。而绿树掩映中的村落，更是明末国家柱石、悲剧英雄袁崇焕（1584~1630）的出生地。因而当地人在这里立了一个牌坊，叫白马双英，纪念这两位平南先贤。

现在争说是袁崇焕家乡的，至少有广西的平南、藤县和广东的东莞三个地方，其实他们都没错，这充分体现了国人心中崇尚先贤、敬佩人杰的精神取向。而根据有关史料，比较切合实际的说法是：袁崇焕祖籍广东东莞，生于广西平南，为了应科举考试而移籍藤县。因而现在在东莞、平南、藤县三地，都可以看到有关他的遗迹。清道光年间的广西巡抚梁章钜，曾对袁崇焕的籍贯做过详细的考证，下了结论："其祖籍东莞，实居平南，又寄籍藤县，无疑也。"

袁崇焕三十五岁中进士，走上了波谲云诡的明末政治舞台，

并以聪明才智和过人胆略不断升迁，官至兵部尚书。清人修的《明史》称他"为人慷慨负胆略"，"以边才自许"，关心时政，好谈兵事，是个血性男儿。他早就注意到了东北后金（清）的兴盛和觊觎中原的野心，经常向那些退伍的官兵了解东北的情况和山川形势。从他的《舟过平乐登筹边楼》一诗中就不难看出其关心国事、志在筹边的抱负：

何人边城借箸筹，功成乃以名其楼。
此地至今烽火静，想非肉食所能谋。
我来凭栏试一望，江山指顾心悠悠。
闻道三边兵未息，谁解朝廷君相忧。

为解君相之忧，他一直都在未雨绸缪地做着准备。还在他任兵部主事时，一天早上，他突然神秘失踪了一段时间，正当大家以为他遭逢什么不测而纷纷猜想之际，他却又突然回来了。原来，为了到关外侦察敌情，他竟单枪匹马偷偷出城，神不知鬼不觉地到关外走了一圈。此举确非常人所能为，从中不难看出他对军事形势的留心、对清兵早有亡明之心的警惕，也为他日后主持关外兵事打下了坚实基础。

天启二年（1622），清兵围攻宁远（今辽宁兴城）城，袁崇焕果然得以临危受命，前往防守这个虽称重镇却已残破不堪的边防要地。朝廷曾令前任守将祖大寿修筑城池，但祖大寿估计此城难守，只草草修筑一下，完工仅十分之一，"且疏薄不中程"。袁崇焕到任后，立即制定规矩，组织筑城，建起"高三丈二尺，雉高六尺"的坚固城墙，"内抚军民，外饬边备，劳绩大著"，且誓与宁远共存亡，一时士气大振，将士都乐于从命，宁远成了明朝东北松锦防线上一座坚固的要塞。

袁崇焕曾有《边中送别》一诗，表达了他一心报国、矢志戍边的情怀：

五载离家别路悠，送君寒浸宝刀头。
欲知肺腑同生死，何用安危问去留。
杖策只因图雪耻，横戈原不为封侯。
故园亲侣如相问，愧我边尘尚未收。

除了修筑边城，袁崇焕采取的更为重要的一招，就是诛杀了驻扎在皮岛的总兵毛文龙。当时朝廷对关外许多地方鞭长莫及，毛文龙带领一支孤悬海外的部队，在这天高皇帝远的地方，靠商贩营利自给，尽管也有不法的行为，但多少也起着牵制后金的作用。因毛文龙"骄横跋扈，无视王法，拒受节制"，袁崇焕"于是将其斩于帐下"，"是为无奈之举"。对于蓟辽督师袁崇焕来说，此举增进了权威，利于他更好地号令各路兵马。

在袁崇焕的惨淡经营之下，宁远城果然不负众望，天启六年（1626）努尔哈赤亲率十三万大军围攻，宁远守军只有一万余众，两军力量悬殊。袁崇焕在将士面前刺血为书激励士气，将士们深受感动，奋勇杀敌，用西洋大炮把对手杀得大败，为明朝取得了

对清军作战罕有的一次大胜利。宁远大捷创造了中国历史上一个以少胜多的辉煌战例。努尔哈赤在这一仗中身受重伤，不久即病发身亡。

明崇祯二年（1629），皇太极率十万大军绕过袁崇焕防区，兵分三路进逼北京，袁崇焕闻讯马上挥师入关，千里驰援，虽兵稀将寡，但士气旺盛。袁崇焕更是身先士卒，往返冲杀，终于打败了清兵，以至皇太极也感叹说："我打了十五年的仗，还没遇到过这么厉害的对手！"后来，皇太极只好利用明王朝内部的矛盾，以反间计陷害袁崇焕。

崇祯皇帝朱由检志大才疏，为人吝啬，前线军费十分紧缺，内府堆金积银却仍一毛不拔，自毁社稷还说"君非亡国之君，臣乃亡国之臣"。崇祯帝果然中计，以"谋逆欺君"的罪名，将袁崇焕处以凌迟，残忍地杀害了这位大明忠臣。袁崇焕的夫人黄氏闻讯于藤县投江自尽。

相传袁崇焕临刑前作了一首《临刑口占》，表达了他对命运弄人的无奈和对大明的忠诚：

一生事业总成空，半世功名在梦中。
死后不愁无勇将，忠魂依旧守辽东。

袁崇焕遇害之后，一个佘姓义士把他的尸体偷出来，安葬在北京的广渠门内，并且守墓终身。佘义士是广东顺德人，他去世前留下遗言，要求子孙后代续守此墓，不再南归，不许做官,但要读书明理。此后,余氏后人就一直在墓旁结庐而居,守墓的责任代代相传。尽管代代单传,他们却坚持传承了十七代共三百七十多年,成就了另一段血性和忠义的佳话。

一位美国记者曾对现在仍在守墓的余氏后人余幼芝说:"我们美国历史只有两百多年,而你们余家人为袁崇焕守墓已经三百七十多年。这种精神实在令人敬佩!"

作为明朝的死敌,作为利用反间计害死袁崇焕的清王朝,入关之后,却于乾隆四十八年(1783)公布了当年的真相,为袁崇焕平反,将他视为一代英雄,对他的事迹大加褒扬和推崇,还重新厚葬了他。

清末维新派思想家康有为曾撰写《袁督师庙记》和诗联,其中两副对联为:"自坏长城慨今古,永留毅魄壮山河","其身世系中夏存亡,千秋享庙,死重泰山,当时乃蒙大难;闻鼙鼓思东辽将帅,一夫当关,隐若敌国,何处更得先生",表达了对袁崇焕深深的崇敬和惋惜之情。

(潘大林)

● 袁崇焕(坐者)画像

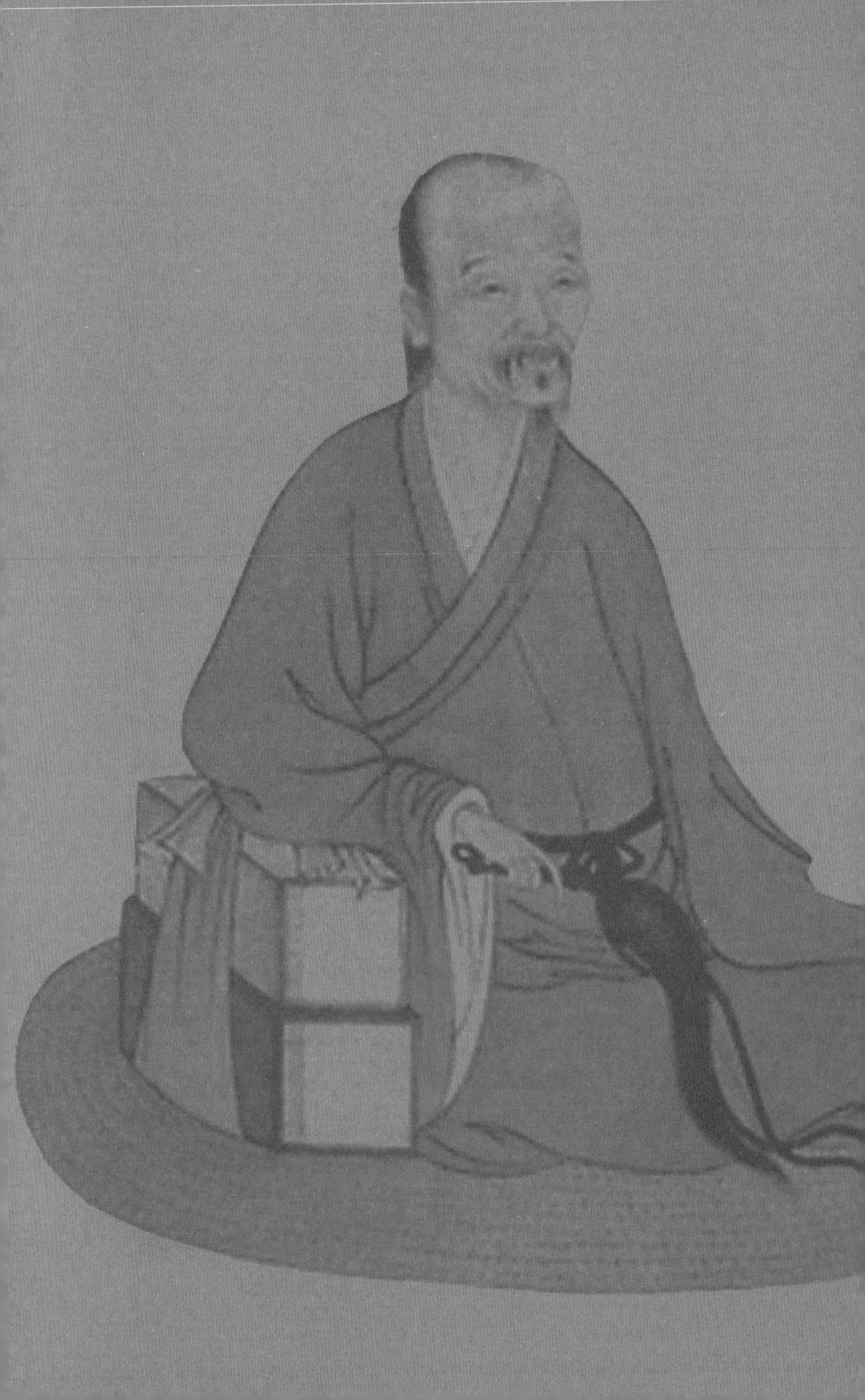

清

## 谢良琦:
## 海内词坛称领袖　性格古怪不合时

在广西古代文化人中,谢良琦堪称八桂文坛上一位承上启下的人物,开"岭西五大家"先河。但他一生不得志,文学史书也多不评价他。

"岭西五大家"是指继承桐城派衣钵、从事古文创作并卓有成就的五位名家。晚清临桂词坛领袖王鹏运为谢良琦的《醉白堂文集》作跋,就写过:"嘉(庆)道(光)间,说者遂谓桐城一派在吾粤西,而不知先生固开之先矣。"《中国地域文化通览·广西卷》称谢良琦是"广西词坛的开山之祖","为百年后临桂词派的崛起,做出了奠基性的贡献"。

谢良琦(1626~1671),全州县龙水镇桥渡村人,字仲韩,一字石臞,号献庵,崇祯十五年(1642)中举,年仅十六岁。十九岁时,师从江南贾徂南。

谢良琦为诗呈现强烈的现实主义。他在政治上有抱负,但坎坷的仕途使他陷入无所作为的境地,忧愤郁结于心而发为吟咏。因此,他的诗深沉、感慨,风格沉郁、凝重,伤时愤世。由于改朝换代，社会的变乱、个人的不幸遭遇，使他的诗读来更贴近社会现实。

作为明代的举人，谢良琦对明廷国破主亡深感痛苦，但为了稻粱谋，他又不得不去做清代的官。他写的《空城雀》，就有自己的影子：

空城雀，本是凤凰族，凤凰天上去不还，独向城南饥啄菽。城南人家多少年，车驱马逐丘垄前。口腹既为人所笑，毛羽不为人所怜。我言空城雀，何不奋翅起高飞，徘徊空城曲，飘摇无所依。无所依，集于木。飞飞不耻稻粱谋，莫向朱门乞粱肉。

谢良琦的官场不得意，还与他的性格有关。清初词坛领袖王渔洋这样评价谢良琦："自负其才，不可一世。"他们两人曾在巡按衙门相见，由于互不认识，连个招呼都不打，一旦知道对方是王渔洋，则前倨后恭，殷勤问候。谢在常州做官时，有读书人被诬告，学宪胡念莴意在草草结案，谢却坚决不同意。时值谢良琦遭兄丧，胡过晋陵（今江苏武进），谢素冠入谒，意气激励，投所刻诗一函后拂袖而去。胡念莴当时也非常气愤，"怒目相送"。待江中坐船乏闷时取谢所赠之诗读之，未终卷，叹曰："奇才，奇才！当吾世而有此人，奈何以属吏目之！"

谢良琦真是一个古怪的官吏。钱塘王木庵说他："日持一卷书坐厅事，有吏抱牍至，辄挥之。乡先达请燕见者亦往往谢去。顾喜与诸生论古今，以文章争胜负。人目之为'傲吏'，辄欣然有喜色。"用今天的话来说：上班时间看书，下属来请示事务则讨厌，挥手让他们走开；当地有名望的人来宴请他又不领情。喜欢与读书人谈古论今，以文章争胜负。人家说他傲气，他不以为怪，反以为喜——这样性格古怪的官吏，当然不为当时社会所容。

谢良琦可能天生就不是一块做官的料。他做官虽然有政绩，却处处遭人诬告，被贬为宜兴（今江苏南部）县令，得罪了地方大户，处处受掣肘：拖延了粮钱上交，有人告状；地方不安宁，有人告状；就连造报拖欠粮食人的名册迟了，也有人告状……不久，遇海盗猖乱，地方缙绅认为宜兴必不能保，便有人做内应准备杀谢良琦开城门。但谢良琦却躬帅军旅，御贼于城外。结果，他县因县令多畏祸避去，海逆乘机入城杀戮，独宜兴安然无恙。这本来有功，但御史柯素培奏了一本，说他勾结海盗。于是，谢良琦竟被废居兰陵（今常州市西北）。他有功反遭停职，胸中愤愤不平，便借酒消愁，酒后狂歌谩骂，以泄胸愤。

后来他起为延平通判，不想又触怒了慕容太守。慕容诬谢良

● 谢良琦画像

琦贪墨，并把他投入监狱。谢良琦居狱中日手一编，默坐土炕上读书。慕容欲置其于死地，凌辱备至，以致谢良琦"愤极，欲引刀自决"，但自杀未遂，直到慕容调离延平，才获得平反。出狱后，避世城北，短竭单衣，整日读书著文以自娱，与人交往仍不废觞咏，并整理平日所作，名为《湘中酒人传》以见志。

他在一封类似"告宜兴同胞书"里，以调侃的口吻写道：我的错有大于正风俗吗？治盗贼，则那些贪财货的诽谤我；戒奸淫，则那些纵欲妻妾的诽谤我；处罚恃财富、凭威势横行乡里的人，则那些夸耀权势者诽谤我。我的错有大于拒绝走后门、托人情的吗？一而再、再而三地不给人面子，对方便从埋怨发展到诽谤、痛恨我了！

他不融入社会，也不为社会所容，势所必然。他在给老师的儿子贾二安的信中，自我嘲弄：天下人都在苟且偷安、浑浑噩噩混日子，我却在认认真真办事；天下人都在阿谀逢迎，而我却以真诚相待；天下人都在尔虞我诈，施诡计谋私，我却不会圆滑处事——不为当时社会所容。

这才是谢良琦最大的可悲之处，但，也是他最大的可敬之处。

(蒋钦挥)

# 石涛：
## 搜尽奇峰打草稿　法自我法不拘泥

清初著名的大画家石涛是哪里人？有说桂林的，有说全州的，有说武昌的，也有说凤阳的。已故的广西文史馆研究员陈开瑞先生认为石涛应是籍贯桂林、僧籍全州。在石涛数十个大大小小的笔名中，有清湘老人、清湘陈人、清湘逸人、清湘石道人、湘源苦瓜等，这些都与全州古代叫清湘、湘源有关。

石涛原名朱若极，靖江王的后裔。清顺治二年（1645），桂林城破，石涛被府中一名叫喝涛的仆人背负而出，被迫逃至全州湘山寺削发为僧。石涛何时离开全州，不得而知，应该是二十岁以前，因知三十岁以后，他冲破释门清净无为的禁锢，向大自然探索绘画创作。他立志"搜尽奇峰打草稿"，大半生都是登山临水、云游四方，遍历名山大川，游历了大半个中国，其中逗留在安徽、南京、扬州一带的时间居多，最后死于扬州。

他在庐山住过六年，在黄山住过二十三年。其间又先后到江苏扬州、浙江杭州和安徽宣城、泾县等处游历。丰富的人生阅历，给他的艺术创造提供了足够的养分。他经常把整个身心都融入山水之中，几达物我两忘之境。"山川脱胎于予也，予脱胎于山川也。"他的作品笔法流畅凝重，刚柔兼济，秀拙相生。

石涛遍游天下名山大川达数十年，留下无数精品。广西已故著名学者彭匈先生，生前有文章评价说：石涛在当时的画界，是一个著名的革新派人物。年仅二十八岁的他，就敢于挑战皇室画院画师的权威，批评他们食古不化，嘲笑他们僵化呆板。他主张不局限于师承某家某派，而博取历代画家之长，要注重师法造化，从大自然汲取创作营养。因而相比那些御用画师，他的作品充满着生命的动感，洋溢着造化的性灵。尤其他的山水构图，不袭前人，不落窠臼，不拘小节，常常给人以审美上的惊喜。石涛以强烈的创新精神，创造了一代新颖奇异、苍郁恣肆、纵横捭阖、生意盎然的新画风。他的《山水清音图》《细雨虬松图》《兰竹图》《墨荷图》《竹菊石图》等，都是传世名作。

与他的绘画实践相比，世人更看重他见地独特的绘画理论，即他的绘画理论专著《画语录》。这部专论山水画法的著作，表现了一种革新精神，对后世画坛有着深远影响。

他要革除的，就是泥古不化与依傍门户的坏风气。从元末到清初，中国的山水画摹古之风日盛，"临摹"成了画家的不二法门，清初有"四王"名家，即王翚、王时敏、王鉴、王原祁，"离开古人便不能自下一笔"，他们论画著作多是讲述仿古心得，标榜宗派师承，有自出新意的画家，便被认为是"谬种"，认为作画"一树一石，皆有原本"。而石涛却敢于大胆挑战，认为"古之须眉不能生我之面目，古之肺腑不能入我之腹肠"，"我之为我，自有我在"。

有破有立。石涛的立，包括六个方面：一是必须掌握造型底线，是为"众有之本，万象之根"；二是必须训练运腕能力，才能"信手一挥，山川人物、鸟兽草木、池榭楼台，取形用势，写生揣意，运情摹情，显露隐含，人不见其画之成，画不违其心之用了"；三是必须以造化为师，"山川脱胎于予也，予脱胎于山川也"，"山川与予神遇而迹化也"；四是必须勤于绘画实践，法自画生，从实践中培养识力，有此识力，才能吸取古人成法中的有用部分，所以要"搜尽奇峰打草稿"；五是必须有清醒的头脑，

● 石涛画像

"愚不蒙则智，俗不溅则清"，"故至人不能不达，不能不明；达则变，明则化"；六是必须探究事物的本质特性，也就是山水画应抓住山川形势的外在特征，以表现它的本质特征，"山之得体也，以位；山之荐灵也，以神"。

《画语录》是他留给后世的艺术理论瑰宝。他的"搜尽奇峰打草稿""借古以开今""我自用我法"等，已成绘画界的经典之语，是中国第一部系统研究画理的书。日本刊发研究他的历史画风的专著不下数十种。

石涛与八大山人朱耷皆为清初著名画家，同开扬州画派之先声。但八大山人终其一生老死于乡下，而石涛到了江南后，两次去"接驾"，受到了康熙皇帝的接见，还作了画、写了诗，感叹知遇，引为无上光荣。作为一个亡国宗室之裔，竟去向新君磕头，也受到当时明朝遗老的非议，认为这是没有骨气的表现。

如今全州湘山寺的飞来石上留有一幅兰花图，人传是石涛所作，因为他最善于画兰草。但也有人提出质疑：一是石涛何时离开全州，史无定论，应是还未成名时，能有资格在飞来石画兰花的可能性很小；二是兰花的选址既当阳又遭风雨之蚀，不像大家所选；三是笔迹较新；四是有人曾见过落款，为"龚醒"，只是"文化大革命"时被人凿去，而石涛众多的笔名中没有"龚醒"此名。

（蒋钦挥）

## 谢赐履：
## 见色不淫是豪杰　见钱不贪真英雄

一位官员能见色不淫、见钱不贪，当称得上英雄豪杰。曾任过山东巡抚的谢赐履算是一个。

谢赐履（1661~1727），广西全州县龙水镇桥渡村人，康熙二十二年（1683），与父亲谢明英同时中举。父亲是解元，他是第十六名。后来他去考进士，虽未考中，但却留下一段佳话。那是他入京参加会试，住在河南古都张潘（今河南许昌）的一个旅店。半夜有一美娇娘来相伴，他却不肯接纳。那女子自称是店主让她来的，谢更是坚决拒绝。等到天亮开门，店主已经站在门外，对谢赐履拱手称道："先前只是看重您的相貌，现在更是了解了您的内心。"为表达敬意，店主欲赠他钱财为他送行。他坚辞不受。清人蒋励常有文章对此赞曰：像他这样"诚无愧古人"，可以为"弟子国人"的榜样！谢赐履自己的诗集《悦山堂诗集》中有《张潘问宿，主人预为置妓于室，予急挥之去，留题壁间》一首，说的就是这件事。

谢赐履初任广东感恩（今海南省东方市）县令。当时海南地处荒远,尚欠开发,于是便有人利用封建迷信,愚弄民众。县里有一个大庙,"珠龛千佛座,妖蛇穴中央。时时露尾脊,引首或低昂"。也就是庙里把一条大蛇奉若神灵,意在敛财。谢赐履却趁老僧不备,一刀把大蛇斩了,事后却幽默地"安慰"老僧说"物毙幸神在,于事固无伤"——大蛇虽然死了,但你供的神还在,不会对你的生计有影响。弄得老僧无可奈何,只有"再拜惟焚香"。

感恩临海,常有海盗为患。一次,有贼船七艘将薄岸登城,而城墙多残缺不全,谢赐履令男丁执兵器弓箭,妇女怀瓦石,积极备战。白天督壮丁持畚箕挑石,修补城墙;夜晚则令男女在城头警戒。三天三夜后,城墙完工,贼见城内有准备,只好退去,一城民命得以保全。

谢赐履任感恩县令仅两月,便丁忧离任,期满后补四川省黔江(治今重庆市黔江区)县令。黔江贫穷,他把救民于贫困作为自己的首

谢赐履画像

要任务，并常常自责，"弭灾无善策，端愧束长生"，自叹"鬓毛仍短尽，强半为民艰"。为了平息酉阳、平茶二土司的土地纠纷，他"轻装减从骑，跋涉我何辞"。一路上崇山峻岭，他们一行"溪边循虎迹，天上走羊肠"，途中"僮仆正苦饥，一餐虑无有"，饿得无法，只好摘山果"随手杂餐嚼"。

康熙五十四年（1715）秋，谢赐履升为永平（治今河北省卢龙县）知府。是年夏季，属地暴雨成灾，永平府所辖的滦县、昌黎、迁安、乐亭四县，平地水深数尺，禾稼全没，百姓民不聊生。谢赐履有诗如此描写灾民：

......
蒙袂或垂头，捉襟或露肘。
病者或捧心，悲者或疾首。
或妪提其孩，或女掖其母。
或则手壶瓢，或则肩篓薮。
奔走益腹枵，尘土增面垢。
菜色而柴立，对此辛酸久。

他急令各属县造册开仓救灾，不必等上司批复。属员畏事，要等候上级指示再发。谢赐履慨然道："救饥如救焚，专擅之罪我当之，迟延之罪你敢当吗？"并亲临乡村视察，动员富民出粟赈灾。不数日，得粮万余石。他又选精明能干之人，分路发放，自己则赶赴上司处，据实入告，请求救济。而上司以当初未报告为由，先是拖延不办，后经谢赐履慷慨陈词，才同意发粟十万石，却又有意为难之，令以船百艘从水路运四万石到最远的乐亭，意在延误谢赐履运粮。

永平虽然临海，然小港水深不满尺，且近冬季，两岸将结冰，船无法行走。谢赐履见状大惊，然已无可奈何，只好令下属准备车辆、口袋和雇派纤夫，又以芦席万张，就地为囤以待，自己则亲赴港口相机以处。事有凑巧，第三天以后南风初发，港水渐深，四万石粮食平安到达乐亭。

水旱灾荒之际，也是贪官污吏发财之机，连康熙皇帝也不得不承认，"遇水旱灾荒，皆地方官吏任意侵渔，以致百姓不沾实惠"。谢赐履深知社会弊端，他请粮归来，又单车载星，遍历诸厂，察看有无冒领及遗漏者。他和手下下乡逐村登记名字，对儿童、成人、残疾者、老人分别施救，按实际情况分发，童稚每人五升，壮者只给一斗；残疾和老病者，加倍发放。也有的发给银两，减去老弱背负之苦。他当时写有《赈饥》诗，为当地人民所传诵。

康熙五十八年（1719），被康熙皇帝称为"天下第一清官"的仓场总督张伯行，以"和平清正"保举谢赐履为政有方，九卿也均列名同保，于是特授以天津兵备副使，两年后升湖北按察使，第三年升为山东巡抚。按惯例，巡抚要由布政使升授，谢赐履则由按察使越级提拔，看来是深得康熙的信任。康熙去世，雍正即位，他虽然评价谢赐履"操守颇好，人亦谨慎"，但山东漕船阻冻，兼有修筑河工之事，认为谢是新任之员，未能谙悉省情，于

是谢赐履任两淮巡盐御史,随即升为右佥都御史。

雍正二年(1724),皇帝亲笔题"福"字匾一块赠谢。此匾尚存。同年闰四月,谢赐履又以左副都御史管盐政。就在他深得皇帝信任时,有人告发他接受商人贿赂。朝廷闻报,立即派员核查账目。结果他员多有贪污,独谢赐履无所染。又严审商人,这才发现原来谢赐履为政素廉洁,不意得罪了属员,故指使商人寻事陷害。问题查清,谢赐履反而清节益著,名气大增,调任两浙,一如淮政。他三任盐差,养廉银费不及一半,所余之费全部贮库为公用。不贪色,不贪钱,难得的好官。

雍正四年(1726)春,他以老病乞休。没想他回到全州不到半年,却因他侄子谢济世弹劾田文镜以言事获罪,牵连到叔父。于是令谢赐履入京传问,虽未加罪,但终因年迈不堪舟车之劳,次年卒于北京,享年六十有七。

(蒋钦挥)

## 谢济世：
### 九死一生不言悔　传奇经历名御史

这可能是清王朝最滑稽的一场审问。

主审者是吏部尚书励杜讷，被审者是监察御史谢济世。时为雍正四年（1726）十一月。事由谢济世弹劾河南巡抚田文镜，并列举其十大罪状。但田氏被雍正皇帝誉为"天下第一巡抚"，而谢做御史才十来天，怎么知道这么多事？雍正怀疑谢是受人指使，下令将谢济世革职，严刑讯问。于是，就出现了下面这个场景：

主审官问："谁是指使者？"

答："有两个人：孔、孟！"

问："为什么说是孔、孟？"

答："我幼读孔、孟书，应当忠谏。如果见到奸人不揭发，就是不忠！"

事情扯到孔、孟身上，当然是荒谬。励杜讷一听，下令动用刑具。拷打得太厉害时，谢济世便大呼康熙皇帝"圣祖"的庙号（原文为："拷掠急，复大呼圣祖仁皇帝"）。这一呼不要紧，弄得在场大臣们面面相觑，一听到康熙庙号，所有大臣均要下跪。谢

济世一再呼叫，大臣一再下跪，场面十分滑稽。

主审官只好如实奏告雍正，说谢济世是"狂生"，想当"忠臣"，满嘴称孔、孟不休，就是不说受谁指使，拟了一个"斩"。但雍正并未把谢济世斩首，只是发配阿尔泰军前效力。谢济世九年流放、六次被人诬告、三次坐牢、两次罢官、一次陪斩的坎坷经历自此开始！

谢济世（1688~1756），字石霖，全州县龙水镇桥渡村人，康熙四十七年（1708）中解元，五十一年成进士。清中叶著名御史，也是清早期的文字狱受害者。他的灾难是从御史任上开始的。

这个读书人到了西北充军地又不安分，爱读书，还爱注书。雍正七年（1729），振武将军、顺承郡王锡保搜查谢的居所，得到谢所注古本《大学注》一书，便上报朝廷，说他"诽谤程朱"。雍正接到举报，令交刑部议罪。十月，谢济世入狱。他在狱中"欲自毙，绝粒五日"，但绝食却未死。锡保又劾奏与谢一道充军的陆生楠，说他著《通鉴论》，文中"诽议时政"。

陆生楠是广西灌阳县文市镇瑶上村人，举人出身，以工部主事试用，因"傲慢不恭"，被发往军前效力。雍正对陆印象不好，认为陆与谢是同乡同党。于是，刑部定两人俱应斩首。雍正七年（1729）十一月二十七日，两人在阿尔泰同被绑赴刑场。陆生楠先被斩首（电视剧《雍正王朝》写陆在京城被斩，误），刑官问谢济世："汝见否？"谢济世从容答道："吾见矣！"此刻锡保才宣读雍正圣旨："谢济世从宽免死，令当苦差效力赎罪。"谢济世从刀下捡得一条性命。

雍正十三年（1735），雍正皇帝以暴病死后，乾隆皇帝即位，下诏广开言路。谢济世大胆上书，深得皇帝心意，于是皇帝随即召谢济世回京，任江南道御史。

谢济世回京后，又将所撰《大学注》《中庸疏》向乾隆进上，并表白：所注释《大学》"遵古本不遵程朱"，希望能够出版。乾隆对谢责以"谬妄无稽，甚为学术人心之害"，将书发还，但未加罪。

乾隆二年（1737）五月二十四日，他又上《遵旨陈言疏》，批评朝廷办事无定章，政策朝令夕改。乾隆很是不满，逐条批驳，本打算严加惩处，但又考虑到他知名度颇高，最后免于问罪。

乾隆三年（1738），谢济世请求就近任职，以便照顾老母。于是，朝廷特授他湖南粮储道，为四品官。乾隆六年（1741），他的小儿子误认为他自注《周易》《中庸》等书稿已经朝廷审过，遂在湖南付印。不料却被人密奏所注是"离经叛道"，与程朱不合。乾隆以"朕从不

谢济世画像

以语言文字罪人,但此事甚有关系,亦不可置之不问",下令交湖广总督孙嘉淦处理。结果是毁版烧书,但未加深究。

乾隆七年(1742)秋,谢济世在长沙得知衡阳知县李澎、善化(今属长沙)知县樊德贻加重征粮,便微服私访,且经长沙府抓了几个役丁审问,掌握了证据。于是次年正月,他向湖南巡抚许容当面揭发两知县劣迹。可是,他没想到李、樊竟是许容的心腹,且许容还受了人家好处。第二日,便有衡州通判方国宝来当说客,希望谢济世对李、樊手下留情。谢当场拒绝。

过几天,谢济世又去见许容,要求参揭李、樊。许容心中恼怒,便利用权力,反向朝廷诬告。乾隆看罢许容的奏稿,勃然大怒,下令先将谢济世罢官下狱,再交湖南布政使张璨审讯,并派岳(州)常(德)澧(州)道的道台仓德代理粮储道一职。

但谢济世握有李、樊劣迹的证据,怎样才能扳倒谢呢?布政使张璨为巴结许容,写信托即将升任四川布政使的王玠路过岳阳时交给仓德,信中写道:在参劾谢济世的文本中,有"该道所访皆属风影"句,而长沙府在审理衡阳役丁时,斛面、地盘、票钱都说得实实在在,这与参本矛盾,要求仓德改换役丁口供,还说此事已跟巡抚商量过。

仓德左右为难:如按信中要求办,则有同流合污、结党欺君之罪;如不办,则有拂当地领导之意。他只好将此事写成书信,分别寄给孙嘉淦和漕运总督顾琮。

总督孙嘉淦与谢济世曾在翰林院相熟,都属于当时"翰林四君子"之一,但没想到孙嘉淦与许容也是老同事,便不顾当年友谊,有意偏袒许容,只叫仓德"婉曲善处"。而漕运总督顾琮却因事关漕米,不得不重视,便将仓德的报告转给都察院。

当时都察院左都御史刘统勋感到事态严重,便将仓德的信及所有相关案卷,一并送给乾隆,同时派御史胡定去湖南调查。但乾隆却对此事持怀疑态度,遂将奏稿转交孙嘉淦,令其秉公审理。

胡定先是得知湘籍在京人士议论许容妒贤嫉能,又闻谢被参之日,长沙街头出现小字报,说谢是"民之父母""君子",便在奏章中说自己细加询访,获知谢确系遭诬陷。

因为胡定与谢济世曾同是御史,乾隆半信半疑,于是谨慎地批示:此案关系言路、封疆,必须彻底审明,辨明是非,以示惩儆。他派户部侍郎阿里衮前往湖南,会同孙嘉淦办理此案。

阿里衮到达长沙后,办案困难重重。因许容、张璨等尚在任上,总督孙嘉淦又有意袒护,知情者敢怒不敢言。此时,刘统勋又给乾隆提供了一些新材料——王玠将张璨的信交给仓德时说:诸事还要委曲随合上司意思,若一味坚守原则,恐怕走不通。仓德听罢,大为骇异,向孙嘉淦面陈前事,孙嘉淦只是对仓德说:"你是正经人,怕什么?我审问时也不问这一款。"

乾隆读罢刘统勋的奏折,下令孙嘉淦进京候旨,将许容、张璨解任,知府张琳与两知县樊德贻、李澎革职,并命阿里衮代理湖南巡抚。一场错综复杂、震动湘省的督抚挟私诬陷下属案,才得以真相大白。

不久,谢济世改为补授湖南驿盐长宝道。

许容等人虽被革职,但门生故吏很多,处处伺机报复。谢济

世不久便请求调往广东。新任湖南巡抚蒋溥,常熟人,也有文才。他虽然钦佩谢的德才,但总认为谢著书立说是"离经叛道"。于是密奏乾隆说:地方绅士等很多人与谢济世往来,并有拜为门生者,且说谢年纪已大,"不能表率僚属",擅自请调广东等。乾隆也认为谢"不知感谢朕恩,乖张狂妄",批准蒋溥所奏,令五十六岁的谢退休回籍。

大凡为官者退职还乡后,多少有礼品赠送地方官,但谢济世两袖清风,无以为送。全州知州吴绪永(《全县志》为吴永绪)既不满意他无馈送,又担心有把柄让他抓住,便想找人捏词诬告谢济世,但无人响应。

谢济世自知褪毛鸾凤不如鸡,退休在家,称病杜门谢客。乾隆二十一年(1756)逝世,享年六十九岁。著有《梅庄杂著》,而所著经书全被烧毁。

(蒋钦挥)

## 陈宏谋：
## 官居一品箴伦教　胸怀百姓誉大儒

陈宏谋，字汝咨，号榕门，康熙三十五年（1696）出生于临桂县四塘横山村一个普通农家。陈宏谋年轻的时候在桂林华掌书院求学，家里没钱但关心国事，一有京城邸报送到，就跑到亲友家里借来看。雍正元年（1723），他考中乡试第一名举人，连中三甲进士，从此步入仕途，历任翰林院检讨、吏部郎中、扬州知府、江南驿盐道、云南布政使、直隶天津道、江苏按察使、江宁（今南京）布政使、江西布政使等职，又任甘肃、江西、陕西、湖北、河南、福建、湖南、江苏等省巡抚和两广、湖广等地总督。乾隆二十八年（1763），他回到京城，历任兵部、吏部、工部尚书以及协办大学士、东阁大学士等职。乾隆三十六年（1771）才告老还乡。

在四十多年的职业生涯中，陈宏谋先后在十二个省担任二十一个职务，被皇帝"撸"下来六次。这在官员中不多见。

陈宏谋的仕途跌宕，主要原因之一是他敢于弹劾贪奸凶暴，最著名的是三次弹劾广西巡抚金鉷。雍正后期，陈宏谋因母亲病

故，请假回乡，了解到当时广西巡抚金鉷虚报垦荒亩数，拿来当作政绩。他不顾"官员不得言本乡事"的忌讳，上奏雍正。不久雍正去世，乾隆继位。新皇帝龙椅还没坐暖，陈宏谋就上奏说金鉷虚报垦荒"不下二十余万亩"。乾隆命令两广总督鄂弥达去查实。第二年，陈宏谋又重提此事，乾隆很不高兴，嫌他不给自己面子，下旨降职三级。但不久后，鄂弥达等人查清真相，乾隆又迅速恢复陈宏谋的官职。

乾隆二十二年（1757），陈宏谋调任两广总督。乾隆在谕旨中说：你虽是广西人，但久任封疆大臣，我很信任你。然而第二年，陈宏谋上奏申请增拨盐商帑本，又被乾隆斥责了一顿，下命夺官。之后多年，乾隆多次将陈宏谋革职或降职，又迅速让他恢复职务或升迁。

在同时代的高级官员中，陈宏谋算是很有经济头脑的。他强调"养民富民"，每到一地任职，就深入考察当地水利、农桑、河防、矿产等，积极发展地方经济。乾隆十六年（1751），时任陕西巡抚的陈宏谋上奏说，虽然关中有河流，但河岸太高难以引水，凿井灌田才是好办法。在他的倡导下，陕西先后凿井二万八千余眼，在大旱之年发挥了效用。有一年回乡，陈宏谋发现家乡临桂县水利工程年久失修，就主动揽下此事，主持修建了"横山大堰"。

陈宏谋还大力发展农村副业。一是种桑养蚕，他把桑蚕引入陕西，百姓多了一条挣钱路子，著名的秦缎、秦锦、秦绫等畅销各地。二是扶持采矿业，他在任云南布政使时，多次上书请求准许开采铜矿，并采取贷款、开凿新矿等措施，使得云南的铜、银开采迅猛发展，解决了许多地区铸钱成本太高的问题。三是支持贸易，当时广西地方官员阻拦商人把谷米运往广东，时任两广总督的陈宏谋下令，如果有广东商贩来桂买米，"照依时价公平购买"，广西商贩到广东卖米，"各听扬帆经过，不得稍有阻遏"。

即便身居高位，陈宏谋一年的俸银不过一千二百余两，他又是个清官，省吃俭用还是养不起全家。他在乾隆二十九年（1764）的一封家书中说"食口六十，用度艰难"，还背了债。

陈宏谋对边疆和少数民族地区的教育极为重视。他在云南任布政使时，下令把各处义学官田的收入作为教师的工资，又拨款和发动捐助，为兴办义学和书院筹措经费。在任四年间，当地恢复和兴办义学近七百所，还有不少苗族民众考上科举。在福建，他经常亲自到鳌峰书院、试廉书院讲学。考虑到边远地区买书难，他重刊了不少古今图书，分发给义学、书院。在云南布政使期间，他所印之书就有《小学纂注》《近思录集解》《孝经注解》等十多种。他又捐资刊印了《十三经注疏》《通鉴》《文献通考》等书籍，连同拓印一批古今名家法帖，分发到广西全省七十二所义学和八所书院。

在繁忙的政务之余，陈宏谋还抽空编书写书，著作共计四十多种七百卷。他先后编写教育类著作十多种，其中《五种遗规》更是经典之作。《五种遗规》从乾隆四年（1739）开始辑录，足足编写了四年，其中的《养正遗规》以蒙学少年为读者对象，主要是论证养性、修身、读书和学习方法等；《教女遗规》强调"女德女智"教育；《训俗遗规》教士、农、商贾等处世做人；《从政遗规》为官吏选辑可当座右铭的箴规和人物言行；《学仕遗规》提出仕和学的关系不能矛盾的观点。这套书在清末被列为全国中学堂修身课教材，民国年间被定为官员从政必读书。此外，陈宏谋还著有《在官法戒录》一书，其采集历代书传中官吏的善行和劣迹。

乾隆三十六年（1771），陈宏谋因病上疏请求回乡，得到允准，加太子太傅衔。当年六月三日，陈宏谋行至山东省兖州韩庄，病逝于舟中，享年七十六岁。乾隆闻讯，悲痛不已，下诏入祀贤良祠，赐祭葬，谥"文恭"。

《清史稿》评论陈宏谋：乃"古所谓大儒之效也"。

（龚文颖）

## 蒋良骐：
## 一门科举四进士　祖孙三代三翰林

清代有重要史书《东华录》，是研究清代前期历史的必读书，道光以前就流传到日本，国内也多次再版，海外学者还出版了研究专集。

《东华录》的纂修者蒋良骐（1723~1790），字千之，一字赢川（一说漂川），全州县才湾镇才湾下村人，他一家是"一门四进士、三代三翰林"。四进士是蒋良骐及其兄蒋良翊，父蒋林，叔祖蒋肇；三翰林则是蒋肇、蒋林、蒋良骐。

蒋良骐的叔祖蒋肇，字明五，又字石塘，康熙癸未（1703）进士，进翰林院授检讨。甲午（1714）升侍讲，为皇帝及太子讲读经史，后升为学士。但他性格耿介，全州人好酒，酒后失言，"曾醉骂权贵人比于圈牢中物"，即骂权贵是猪狗。酒后又把此话说给同僚朋友听，虽然酒醒后曾作《止酒诗》以自警，但言出祸随，终以醉言惹祸丢官。

蒋良骐的父亲蒋林（1694~1747），字元楚，一字介庵，康熙五十四年（1715）进士，选为翰林院庶吉士授检讨，二十二岁进

康熙皇帝早年读书处——南书房当值，但他官运不佳，在南书房十年没有得到提拔。雍正期间，到福建延平、邵武，浙江杭州、严州、金华等地任知府。乾隆元年（1736）升为长芦盐运使。

长芦盐区是全国的主要产盐区。作为盐区最高的行政长官，虽然是个从三品，却是一块人人争之唯恐不得的肥缺。但蒋林上任后却削去繁杂冗员，斥去陈设，一切开支从简。当时有所谓的"公使钱"，每年花费数万缗（制钱千文为一缗），蒋林自己一年的办公费用则不到百缗，下属也不得独为奢取。他在任仅四年，即以母亲年老为由，请求辞官回乡，时年四十六岁。乾隆皇帝大为惊讶，对近臣说："世乃有不愿久为长芦盐运使者耶？"

蒋林的长子蒋良翊，乾隆十二年（1747）与弟蒋良骐同时中举，十九年成进士，任万全（今河北张家口市万全区）县令七年，他勤于政事，史载"席不暇暖"。

蒋良骐所编纂的《东华录》，为编年体史事长编。乾隆三十年（1765），清政府重开国史馆，蒋良骐任纂修，根据《清实录》和其他文献，摘抄天命、天聪、崇德、顺治、康熙、雍正六朝（五帝）史料，成书三十二卷。因国史馆设在东华门内，故称《东华录》。《东华录》中所辑往往有为传本《清实录》所未载之史料，内容也有剪裁，因此，《东华录》更富有史料价值。

《东华录》成书于乾隆年间。光绪初又有王先谦仿蒋氏体例，续抄乾隆、嘉庆、道光三朝实录，为《九朝东华录》。著名明清史专家孟森先生评价说："蒋《录》虽简，而出于王《录》以外者甚多，且多为世人所必欲知之事实。"《东华录》还保存了一些重要的原始文献资料，如顺治元年史可法答多尔衮书，《清实录》不载；又如康熙元年（1662）永历帝致吴三桂书，南明野史所不载。北京市社会科学研究所阎崇年对《东华录》研究颇深，充分肯定蒋氏对史料的剪裁与取舍。

蒋良骐于乾隆五十一年（1786）升为通政使司通政使，位列九卿。乾隆五十五年（1790），卒于京师，享年六十七岁。

但是，权威史料却把蒋良骐的相关信息搞错。

一是对于《东华录》作者姓名及籍贯，颇具权威的《辞海》（上海辞书出版社出版）"东华录"条，曾说作者是蒋良骥（1999年版本做了改正）。《中国历代名人辞典》（南京大学历史系编写，江西人民出版社1982年出版）也说作者为蒋良骥，并说他是江西升乡（今江西宁冈北）人。其实有误。

蒋良骐有兄弟五人，蒋良骥排行第三，幼有至性，不苟言笑，好学，能为诗词文章，事父母能独得父母之欢心。为了两位兄长的前途，良骥独自操持家务，故事业上无成就。蒋良骐则是辛未（1751）进士，以文学书法殊异，选庶吉士，授编修，职充国史馆纂修官，晋日讲，擢侍御。每逢乾隆坐朝及举行各种典礼，蒋良骐都要按班随侍左右，为皇帝记言行、载档案，以备编纂起居注时查考。因此，《辞海》和《中国历代名人辞典》显然系兄冠弟戴，把良骐误为良骥。

蒋良骐的祖籍是全州升乡石冈，非江西升乡。阎崇年先生1981年在《广西历史人物·蒋良骐传》中，虽然肯定《东华录》作者为蒋良骐，却说他出生于诗书之乡的全州升乡石冈，这也不

符事实。

全州旧时分为六乡，即长、万、升、建、宜、恩。升乡即今永岁、黄沙河、庙头、文桥一带。蒋良骐的祖籍是永岁乡的石冈村。阎崇年先生考证蒋良骐伯叔兄弟子侄等，"先后有十人中举，四人成进士，而蒋良骐与父林、兄良翊一门三进士，时传为佳话"，这是正确的。笔者家与蒋良骐故居才湾村相距约四公里。1985年，笔者在石冈村蒋氏祠堂里有关碑文上，尚见蒋肇、蒋林的名字。蒋良骐祖籍为全州升乡石冈，是毋庸置疑的，但出生地则是才湾村的下村。

据才湾下村蒋氏宗谱记载，因避战乱，他的祖上自万历年间由石冈先迁今安和乡谢源洞村，继迁才湾下村，到蒋良骐辈已是第七代，算起来已近二百年。现下村尚有纪念蒋林的碑文，村后有蒋林、蒋肇墓。祠堂碑刻有蒋良骐为祭高祖新庄公撰写的一篇祭文。

为何蒋良骐生于万乡的才湾，却要冠以升乡？此无它，封建士大夫不敢忘祖居地而已。

（蒋钦挥）

## 杨廷理：
## 开兰名宦治台湾　名垂青史永留芳

杨廷理（1747~1813），字清和，号双梧，又号半缘、苏斋、更生，清代广西柳州府马平县（今属柳州市）人。他对开发和建设台湾特别是噶玛兰（今宜兰县）做出了重大贡献，所以被尊称为"开兰名宦"。

杨廷理出身行武世家，祖父杨标以从征自南昌至广西，隶籍广西提督标营，家居柳州城西"桃花庄"，位置在今映山街南部一带。父亲杨刚，官至广西左江镇总兵。乾隆十二年（1747），杨廷理生于广西南宁左江镇署。十岁时随家人回柳州。他的父亲对杨廷理"督课甚严"，期望他日后成为能文能武的全才。由于从小受家庭影响及传统文化熏陶，杨廷理立下仕途经济、保境安民的远大志向。十二岁应童子试，被录取为府学生员。乾隆四十三年（1778）以拔贡生入京，朝考一等一名，奉旨出任福建归化县知县，次年冬调署宁化县。乾隆四十五年（1780）夏，任侯官知县，兼署福州海防同知。乾隆五十年（1785），升任台湾府南路理番同知。不久，林爽文事件爆发，知府被杀，杨廷理以

同知摄知府事,因守城安民有功,擢升任台湾知府。乾隆五十五年(1790)春,升任台澎兵备道,兼提督福建学政。乾隆五十八年(1793),加按察使衔。

杨廷理在台湾任职期间,正值天地会林爽文起事,天地会众相继攻略彰化、淡水、诸罗等县,控制台湾北部,并在彰化建元"顺天",推林爽文为盟主。作为朝廷命官,杨廷理一面率员弁及居民修葺府城栅栏,一面与台湾道永福催促台湾总兵柴大纪发兵援救。他还亲自招募"义民"上万名,修造器械,以备战守。乾隆五十一年(1786)冬,林爽文率数万之众四面进攻府城,杨廷理等率众拼死抵抗,保住府城不失。随后,杨廷理不遗余力地进剿天地会众。乾隆五十三年(1788)初,林爽文起事被清政府镇压。

参与镇压林爽文天地会起事,是杨廷理在台任事中需要处理的头等大事。他"以书生骤莅戎事,应变不穷",得到了清政府的充分肯定,也由此得到乾隆皇帝的赏识。但杨廷理并没有被隆遇冲昏头脑,他曾撰有《东瀛纪事》详述林爽文事件的经过并分析其起因,点出了吏治腐败是导致事件爆发之根源所在。他进而提出了治理对策:"兴利除弊,恤民纠吏,弭乱本于未形,跻殊俗于雅化,则庶乎可矣。"杨廷理在台湾几十年的治政,尤其是对噶玛兰的开发建设,正是源于这样的思想认识。

杨廷理在其任内,政绩显著,稻谷丰收,老百姓安居乐业。乾隆皇帝得知后,曾以"杨廷理奏报,传以志慰"为题,御制褒奖诗一首,有"早稻八成报有余""闾阎风久靖安居"等句。

然而，天有不测风云，人有旦夕祸福。正当杨廷理春风得意之时，一起案件改变了他的命运。

乾隆六十年（1795）夏，朝廷清查福建库款亏空案，杨廷理被牵连而被革职拿问。嘉庆元年（1796），又被加以挟嫌编造年谱的罪名发配新疆伊犁。同年农历八月十八日，杨廷理踏上流放之路。嘉庆二年（1797）元宵节那天抵达流放地伊犁惠远城（今新疆维吾尔自治区霍城县惠远乡）。杨廷理在伊犁被派往驼马处效力，充当驼马处章京，一干就是整整六年，饱尝了风霜冰雪和思乡、思亲之苦。嘉庆八年（1803），杨廷理戍满返京。年底抵达广州，与家人团聚。

嘉庆十一年（1806）重任台湾知府，直到嘉庆十八年（1813）在台湾去世，杨廷理一直在台任职，致力于开发宜兰的工作。

宜兰（旧称蛤仔难、噶玛兰）位于台湾岛东北部兰阳平原中心。它三面环山，东临太平洋，中部一望平川，受宜兰浊水溪冲击，形成扇状三角洲冲积平原，自古水丰土腴，物产丰富。宜兰被大山阻隔，长期以来，当地从未设官置治，社会矛盾和民族矛盾复杂。杨廷理深知维护统一安宁、开发建设边疆的重要性，于是开始了从建议到实施将噶玛兰收归版图、设治派官管理的长期不懈努力。

嘉庆十一年（1806）杨廷理重任台湾知府，赴任前嘉庆帝在万寿山玉兰堂召见他，杨廷理向嘉庆帝力奏"噶玛兰当开"。此后，杨廷理多次建议地方官员开兰。最终在嘉庆十五年（1810）促成开兰事宜。嘉庆十七年（1812），噶玛兰厅正式设立，噶玛

兰正式纳入清政府行政区划。

为了开兰，杨廷理五次深入噶玛兰地区，查勘地势，了解民情，并在深入调查的基础上译蛤仔难为噶玛兰，完成《噶玛兰创始章程》十八则草拟工作，提出开兰治兰的初步设想。

在开兰治兰中，杨廷理做了许多工作，主要有：重定噶玛兰全图；收服海盗，维护社会治安；在五围挖壕沟，春城基；建办公处、仓库；创办仰山书院；减免当地居民赋税；建议建关卡、炮台，以巩固安全。

嘉庆十二年（1807），杨廷理复任台湾知府时，海盗朱渍势力膨胀，率大小船只三十八艘进攻苏澳。杨廷理率军水陆两路夹攻朱渍，使之溃败投降。海盗被收服，台湾社会趋于稳定。

杨廷理在台任职期间，平息民众间的争地械斗，落实系列保护当地少数民族利益的政策。他设置当地少数民族保留地，竖立界碑，以杜绝汉人越界侵占当地少数民族土地，保证当地少数民族生计无忧。杨廷理维护少数民族权益，主张汉族和少数民族具有同等地位的思想在当时是难能可贵的，使得台湾出现各民族和睦相处、共同发展的太平景象。

为缓解矛盾，杨廷理在台湾实施了一系列发展经济的措施：重新丈量土地，取消业户，并重新订定租则，采用按亩升科、按则征租，分别开征正杂租额，勘报减免赋税等。他所实施的这一系列措施，促进了生产发展，缓解了广大当地少数民族、移民的不满情绪。

此外，杨廷理也十分注重台湾的文教事业。为使学子有适用读物,他亲自校订了《兰阳试牍》,以兴学劝教。嘉庆十七年(1812),杨廷理在噶玛兰创办仰山书院,还兴建"文庄"十二处,供先生教书之用。

嘉庆十七年(1812),杨廷理奉旨补授福建建宁府缺,不久奉檄暂摄噶玛兰通判篆。次年卒于赴建宁府知府任前,享年六十六岁。嘉庆二十一年(1816),亲属将其灵柩运回柳州安葬。

(宾长初)

## 冯敏昌：
## 岭南奇才多奇艺  诗文书画堪一流

冯敏昌（1747~1806），字伯求，又字伯子，号鱼山，壮族，生于广东省廉州府钦州长墩司南雅乡（今广西钦州市钦北区大寺镇马岗村）。

冯家是书香门第，文人辈出。曾祖父冯应祥和祖父冯经邦，都是增广生、太学生，曾受封翰林院编修。父冯达文为岁贡生，历任开建、临高、花县教谕，初封编修，晋封奉政大夫。

冯敏昌生性聪颖，有神童之称。七岁便接受曾祖父的启蒙教育，九岁已读完《四书》《五经》，十岁入家塾，十二岁随同父亲应州府两试，十六岁入肇庆端溪书院，十七岁转读广州粤秀书院，十九岁到廉州应郡试，得到主考官翁方纲的赏识，擢为拔贡，后赴广州又考得拔贡第一，得"以选拔贡入国学"。乾隆三十五年（1770），冯敏昌赴广州参加乡试，中举第三。乾隆四十三年（1778），冯敏昌第三次参加会试，金榜题名，参加殿试，排二甲第二十五名，赐进士出身，钦点翰林院庶吉士。

乾隆四十五年（1780），翰林散馆，冯敏昌奉旨授职编修。

乾隆四十六年（1781），四库全书馆开，冯敏昌被钦点武英殿分校官。乾隆四十八年（1783），冯敏昌得以"兼办三分全书馆分校"，参加《四库全书》的编修工作。

由于与和珅不谐，屡遭陷害，冯敏昌于乾隆五十年（1785）改官户部主事。乾隆五十八年（1793），出任刑部河南司主事。在此任上，当遇到疑难案件时，他往往本着"仰体皇上好生之德，俯思朝臣折狱惟良"的宗旨，处处关心民命，审判尤其慎重。遇到秋季要判决死刑的囚犯，怜悯悲伤之情显现于色。判决后回到住处，睡觉吃饭也不心安。

冯敏昌生性不羁，好游名山大川。他遍游五岳，穷探奇险。据《清史稿·文苑传》载，冯敏昌"平生足迹半天下"。《广东通志》也说："平生遍游五岳，皆造巅，题其崖壁。他如匡庐、龙门、砥柱、壶口、雷首、中条、首阳，无不遍涉。"

冯敏昌游历各地名胜，探幽访奇，广交名士，创作了大量的山水诗和怀古诗。"其悱恻之情，旷逸之抱，一寓于诗。"他一路游历，一路作诗，描写朋友交游的适意，记录漫游之中的思绪，抒发内心深处的情感。冯敏昌饱览祖国的名山大川，将其"变态、吐纳、奇状，一注于诗"。

冯敏昌勤奋好学，博闻强记，才思敏捷，著述颇丰。他前后撰写过《孟县志》《华山小志》《河阳金石录》等，主修过《广东通志》，编有《汉魏六朝五言古诗选》《唐人五言律诗选》《唐人五言古诗选》《韩诗选》《苏诗选》《师友渊源集》《古文合选》《文章心印》等书籍，著有《小罗浮草堂文集》《小罗浮草堂诗集》

《崇雅斋稿》等。他撰写的方志类著作也很有特色，如他编修的《孟县志》史料翔实，为后世治理黄河提供了很好的参考依据。《孟县志》结构合理，体例完备，"世称善本"，是"一代之宏载，千秋之杰作"。

冯敏昌多才多艺，诗、书、画均有很高的造诣。清代著名学者、金石书画名家钱泳如此评价冯敏昌："先生之学，经经纬史，而诗歌、古文、金石、书画亦靡不贯综。"

冯敏昌的诗作很多，收入诗集的就有近两千首。他的诗歌内容丰富，题材广泛，感情深沉真挚，语言畅达而令人回味。冯敏昌的诗歌各体兼备，尤擅长七古，其诗歌，"由昌黎山谷，上追李杜，又穿穴诸家，而自辟面目"。他博采众家之长，形成了阔大、深邃、苍劲的艺术风格，"洋洋成一大家"。

在书法方面，冯敏昌习书能融会贯通、采众家之长而自成一家。他精于楷、行、草、隶四体，时人评其"用笔作品，无不精妙，行精于楷，草精于行，隶体与草书，各推独到"。其书法"多用方折之笔，而敛其锋芒，使处处皆有含蓄不尽之意。其字势似奇反正，内刚外柔，故能温文尔雅，有舒卷气也"。

此外，冯敏昌的书论也颇为精彩，他所撰的《鱼山执笔法》，尤得书法的精髓。他在《鱼山执笔法》中解说了自创的执笔法，并兼论楷书之道和学帖之道。他认为，学书需懂执笔之法，更需懂凝神静气，"笔虽执定，仍须气定神闲，方能运转自如。常思道家云，精化为气，气化为神，然后执笔之道尽也"。

冯敏昌的画也堪称一绝，所画山水花卉，苍秀绝俗。"山水及花卉,亦有殊姿,画中之兰,与书中之草,皆以神逸过人。"

冯敏昌晚年从事教育工作,致力于人才的培养。从乾隆五十三年(1788)开始,他先后任教于河阳书院两年、端溪书院两年、粤秀书院三年、越华书院一年,时间总共长达八年。

冯敏昌执教各书院,首推德化教育。他认为:"士人读书,先宜洗心向善,敦本力行,以为四民之表率。"他制定《学规十六条》,提出"正学宜先讲,志向宜先立,品行宜先敦,义利宜先辨,礼仪宜先习,五经宜背诵,书理宜疏通,文体宜先正,诗赋宜究心,书艺宜得功,诗学宜兼及,训诂宜先通,课程宜各立,应课宜自勉,出入宜节少,是非宜力戒"等主张。

在教学上,冯敏昌兢兢业业,一丝不苟。主河阳书院讲席时,"每鸡鸣起,自温读后,专力讲解";主讲端溪书院时,"谈艺之余,作七经解说,《四书》讲义,并刻端溪课艺……以及古今文赋诗选十余种。日夜与诸生口讲手书";主讲粤秀书院时,"每鸡鸣起盥危坐读书",与"诸生切磋专经致用以期实学"。

他执教书院期间,对发展当地的文化教育事业可谓不遗余力。大到修缮书院,小到修理门窗、桌椅,他都出钱、出力。其嘉言懿行,得到了学生的感激、爱戴以及地方官绅世人的崇敬:在端溪书院,"师弟爱悦不啻父子,竟多有不忍离归度岁者";由端溪书院到粤秀书院时,肇庆人摆数十桌酒席以为饯行,"相连十里,市为之罢","各以诗饯送者二百余篇"。

嘉庆十一年(1806),冯敏昌逝世,享年五十九岁。

(宾长初)

## 张鹏展：
## 正身心稽诗若渴　治事务视民如伤

张鹏展（约1760~1840），字南崧，上林县人。乾隆五十四年（1789）进士，先入翰林院为武英殿纂修。之后，任云南乡试副考官，福建道监察御史，光禄寺少卿，太常寺少卿，奉天府丞并兼管学政，太仆、太常二寺卿，山东乡试主考官，提督山东学政。后升任朝廷通政使司通政使。

张鹏展为官一任造福一方。乾隆五十七年（1792），京城一带发生大水灾，张鹏展奉旨救灾。但居民避难地点星罗棋布，十分分散。他为了掌握全盘，不得不四处逡巡，指挥官兵，探清水路，用大量排筏为灾民赈济衣食，引渡灾民脱险。《清史稿》称，他这次赈灾"全活三万余人"。嘉庆十八年（1813），河南滑县八卦教李文存一案，株连甚众。张鹏展极力主张"请饬部分别审慎治罪"，务使良民不遭冤枉死。他之所以极力主张这样做，是因为相当一些地方官吏为规避处分，或不受理，或反诬告，致使良民无法申冤诉苦。张鹏展上疏后，朝臣共议赞同，皇帝准奏。地方史志记载："由是良民不遭冤死者，不可计数。"张鹏展还分别在云南、山东任过考官或学政。清代科考常有营私舞弊情况发生，致使一些有真才实学者不得录取。张鹏展曾作诗自励："……恐负奇才频检箧，翻忧明日已开门；棋如失着成千古，耿耿孤怀孰与论？"他把开科取士的失误，比作一着不慎，千古成恨，并把这首诗当作座右铭，时时警醒自己。

张鹏展初任京官之时，也是清王朝出兵绥靖安南之际，广西的南宁、太平、思恩一带，按户派拨民夫运送军需品。但是，战争结束十多年后，当地官衙仍然相沿承袭，派拨民夫为官衙运送物资，中饱私囊。每县每天派拨上百人，风尘仆仆，行程数十里，甚至上百里，而且还规定自带粮食，风餐露宿。民夫成为官衙的滚滚"财源"。更有甚者，一些与官衙素有往来的"胥吏、长随、幕友、客商人等""出'小费'于各衙门营取'伕票'，累路派拨"，从中渔利。这是一种非常残酷的苛政，它使乡人"逃散而弃废田宅者累累"，苦不堪言。张鹏展得知此事后，不顾清王朝关于禁止现任官吏干涉本籍地方政务的法规，上《奏请严禁滥役以奠边民疏》，直言谏诤。大学士王杰等上奏："臣等复思，该御史张鹏展籍隶广西，所奏自系实在情形……苦累服田力穑之民，自当严行禁革……如再有私役人伕之事，立即究办，以免扰累。"张鹏展身在朝廷，于百忙之中，仍然关怀家乡父老，这就是"以民心为己心，视国事如家事"。他这样做虽然触犯了朝廷禁令，却赢得了民心，赢得了朝臣的支持，免受处分，并得到朝廷的批准。嘉庆二年（1797），张鹏展告假回乡省亲，目睹家乡各级地方官吏借采买军粮之机，按户分配，层层加码，敲诈勒索。

以上林一县而言,"每年五六千石、八九千石不等,俱令折银渔利。除按地丁粮支派外,又按烟户采买,重重扰累,百姓苦不堪言"。他又上《奏请严禁采买以安民心疏》,除了详尽阐明上林县出现的各种弊端外,还把这一事件向更大的范围拓展:"臣原宜言本县之事,第一邑如此,各邑亦不相远;一省如此,各省亦不相远。臣就知之详者,不敢不缕述,以见采买之弊也。"此疏上后,得到全国"严禁采买,以安民心"的批复。张鹏展不仅在壮族社会中享有很高的威望,在全国也赢得了很高的声誉。

武鸣和上林,是广西壮族聚居的区域之一,清代实行"改土归流"变革,废除了世袭的土司制,改为临时任命的流官统治制。改土归流后,在原土司地区实行和汉族地区相同的政治制度。这就加强了边远地区和内地的经济、文化交流,加强了中央对边远地区的统治。实行改土归流后,上林、武鸣等地的"土民"取得了自由民的资格,"土民"的子弟获得了参加科举考试的权利。政治、经济的变革,对文化起到了促进作用。嘉庆二十五年(1820)张鹏展辞官还乡定居,此后不再复出,而是办书院,设馆教学。他先后任桂林秀峰书院、上林澄江书院以及宾阳书院的山长。韦天宝是他的学生,写《献业师张鹏展八首》诗,赞颂他的文章、道德和教学。张鹏展对文章、诗词的收集、整理、编纂、保存做出了巨大的贡献。早在山东任考官时,张鹏展用三年时间,搜集整理了十郡二州文人的诗词,编成一部三十二卷的《国朝山左诗续钞》。他认为诗词关乎教化、关乎政治。他在一篇文章中说:"涵咏之兴,本于性情;性情之移,积为风俗;风俗之成,关乎政治。"张鹏展深感广西客桂名儒、本籍名儒不少，两者之间，或授业，或指点，或酬答，产生了许多佳作。可是"迄今求其逸句残篇，了不可复得"。寓京时，他用十年的时间，掇拾荟萃，汇编了巨著《峤西诗钞》。这本诗歌集共二十一卷，收作者二百五十多人（大部分为广西人），诗作两千多首，弥补了汪森辑《粤西诗载》重点收寓桂诗人之不足。很多广西诗人的作品和生平因此得以保留至今。清末临桂（今桂林）诗人廖鼎声在《论诗绝句·张鹏展》中高度赞扬张鹏展汇编这一巨著的功绩和精神："遗绪难忘重峤西，半生辛苦遍搜稽。"

张鹏展本人的诗歌风格淡雅，刻画细腻，情出自然，寓意深邃，如《拟古七首》之第四首：

桂树生南海，团团自成荫；
禀气清虚府，独秀秋风林。
一枝递京国，遂别南山深；
孤老托盘盘，兢兢远人心。
芙蓉各珍锦，皎镜美华襟；
野性非适俗，漫畏远见侵。
冷露寡所谐，梦断湘中岑。

张鹏展以桂树自喻，情思坦诚真挚。桂花不鲜艳、不俊逸，可是它暗暗传香，寓意自己持身以诚、治事务实的人品。

（虞达文）

## 陈继昌：
## 绳其祖武在勉学　贻厥孙谋点三元

桂林王城正阳门内侧门额上有一块石匾，上书"三元及第"四个大字。何谓三元及第？这是科举时代乡试、会试、殿试一路过关斩将，连中解元、会元、状元的士子的最高荣誉。自隋唐开科取士至清代结束，一千三百年间，全国连中三元的仅十三人，而地处偏远的广西，竟然占了两名（冯京和陈继昌）。这就不难解释，当今国内外的游人，在观瞻那块"三元及第"石匾的时候，要生出一番高山仰止的感慨了。

中国历史上最后连中三元的人物，就是临桂的陈继昌。走进桂林王城景区的广西科举文化陈列馆广西贡院，我们可以看到里面所展示的关于广西设立贡院以来的历史状况。广西贡院最早设于府治西面，即现在的桂林中学一带，清顺治十四年（1657）迁至明靖江王城。广西贡院规模最大时有考舍五千五百间，有清一代广西共出举人五千零七十五名，其中桂林府占了二千五百一十六名。陈继昌的事迹，在陈列馆中占有十分重要的地位。有一副楹联"畿辅为屏，越五百里；科名盖代，第十三人",说的就是他。

陈继昌(1791~1856),原名守壑,字哲臣,号莲史。他是清嘉庆十八年(1813)癸酉科的解元,嘉庆二十五年(1820)庚辰科的会元。会试高中后,陈继昌按例要参加皇帝亲自主持的殿试,谁知考试之前,由于偶感风寒,水土不服,他竟然病倒在床。同来的广西老乡见他高烧卧床,水米不进,在为他着急的同时,便劝他放弃考试,下科再来一搏。谁知陈继昌挣扎起身,谢绝了老乡的好意,抱病应试。挥笔之时,他头脑渐次清醒,思路愈加明晰,作文如有神助。最后高中庚辰科一甲头名,一时名重华夏。嘉庆皇帝批阅他的策论时大为赞赏。身边的大学士曹振镛也介绍了陈继昌的身世,并说陈继昌先前已中解元、会元,清朝至此已达一百多年,三元及第者,仅乾隆朝出过一位钱棨。

嘉庆帝一来心中欣喜,二来深感人才难得,于是朱笔一点,"三元及第"的桂冠就落到了陈继昌的头上。据说,在后来为新科进士举行的琼林宴上,嘉庆皇帝还即席赋诗一首,以示庆贺,诗曰:"大清百八载,景遇两三元。旧相留遗泽,新英进正论。"

在陈继昌之前,中国已有十二位俊杰获此殊荣:唐代的张又新、崔元翰,宋代的孙何、王曾、宋庠、杨寘、王岩叟、冯京,金代的孟宗献,元代的王宗哲,明代的商辂,清代的钱棨。陈继昌高中之后,即授翰林修撰,后多次外放,曾在山西、直隶、甘肃、江西等地为官,最后在江苏巡抚任上辞官归故里。陈继昌官场之路并不顺当,皆因其鄙视有"朝中第一重臣"之称的穆彰阿的为人。穆彰阿想拉拢陈继昌入其门下以壮声威,陈继昌不买他

的账,终至受到穆彰阿的打击排挤,一直郁郁不得志。

但陈继昌无论在何处为官,都做到坚持操守、清正廉明。他所到之处,兴利除弊,注重教化,深得百姓拥戴。直到皇帝真正认识他的价值,擢拔他为江苏巡抚时,天不假年,他在任一年余,即因病辞归。六十五岁时离开了人世。

陈继昌的诗文、书法均有很深造诣,著有《如话斋诗存》传世。世人尤其推重他的楹联,不仅对仗工整、意境高远,而且才

● 清朝两广总督阮元为陈继昌手书的"三元及第"石刻,位于桂林市王城正阳门内侧门额上

思敏捷、应对神速。楹联大家梁章钜对陈继昌十分倚重，他的《楹联丛话》收录了陈继昌的"云霞成伴侣，冰雪净聪明""虚舟任所适，飞鸟相与还""茶亦醉人何必酒，花能傲雪况于松"等对联，称赞"陈莲史所作楹帖，语多古异"，还请陈继昌为《楹联丛话》作序。

当时不少名士都与陈继昌有联语交往。林则徐赠他的对联是"南士渊源承北学，秋曹门馆坐春风"。众多联语中，有一副说到他家族的特别引人注目："高祖当朝一品，玄孙及第三元"。后一句说的自然是陈继昌，前一句则是说他的曾祖父清代重臣陈宏谋。

陈继昌留下诗文墨迹不少。广西灵川潭下镇山口村有一口千年古井，四围建有牌坊，牌坊四柱肃然，多有名人题字，正中的匾额却是四个含有龙爪笔意的楷体大字"四方灵泉"，落款为"三元及第桂林莲史陈继昌敬书"。至今，陈继昌家乡的人们还因他的事迹而倍感自豪。

（彭匈）

## 郑献甫：
## 教书育人三十年　两粤学子称宗师

郑献甫（1801~1872），原名存纻，别名小谷，常自称识字耕田夫、草衣山人。出生于象州县寺村镇白石村，壮族。他集教育家、经学家和作家于一身，被誉为"两粤宗师"。

郑献甫父亲是乡村塾师。受父亲影响，他从小苦读，抱负很大，一心想在仕途上有所作为。他在清道光十五年（1835）考中进士，任刑部主事。当官之后，郑献甫才发现官场的黑暗、仕途的艰难，并无他施展才华的地方。于是，只做了一年零两个月的官，就以赡养老人为由辞官还乡。清廷不仅不责难他，反以"孝友廉洁，守正不阿"赏给他五品卿衔。

郑献甫回到家乡，决心把满腹经纶传授给子孙后代，便在家乡开创学堂，教书育人三十年。他大半生在两广从事教学，先后在广西雒容设馆教学，并在广西宜州之德胜书院、庆江书院，桂林之榕湖书院、秀峰书院，象州之象台书院，柳州之柳江书院，广东顺德之凤山书院、广州之越华书院等均任过主讲。他培养出来的优秀人才，遍及岭南各地。不少学子出类拔萃，成为各级官场精英。郑献甫因此成为在岭南教育界很有影响的人物。

郑献甫在近三十年的教学生涯中，以儒家学说教授学生。他认为先秦道家和原始佛教本来就是谈天地、论人生的哲理，但后世的道家、佛家却向巫觋方面转化："近世无仙家，近世亦无佛家，惟共趋于巫家而已。"他认为，仙、佛由学术而成宗教，由宗教而成迷信，人心不古，每况愈下，背离了自身原本的宗旨。郑献甫对程朱理学的教条主义和科举制度的死板僵化非常不满，批判其"高谈人之初，动语天之理。自圣而自贤，乃由南宋始"；认为宋儒对儒家经典的阐述与孔子的思想学说根本不是一回事，误人子弟，流弊极深。许多人往往不认真研读原著，领会先圣意旨，只知背诵朱熹《四书集注》等，以之为金科玉律、万古不变的教条，使自己变成人云亦云、毫无主见的木偶。他并不反对科举制度，只是不赞成仅以八股时文为能事，而主张要重视对儒学经典基本内容和精神实质的精研细读、融会贯通，掌握有用知识，培养真才实学。

● 郑献甫像

郑献甫在青年时代已写出大量诗作，汇编成《鸿爪集》《鸿爪集续集》和《幽女集》，并被广州的大商人伍崇耀看中，出版发行。这几本诗集均为道光五年至十三年（1825~1833）之作。他其余的诗作，均收入《补学轩制艺》《补学轩本》，后又按年代编为《鸦吟集》《鹤唳集》《鸡尾集》和《鸥闲集》四辑。

郑献甫是个执着的现实主义诗人。他的诗作思想内涵丰富，是他自身经历的体会、社会生活的真实写照。如《鸦吟集》是第一次鸦片战争的烽烟记录，是鸦片战争中中国人民苦难的写照；《鹤唳集》主要描写第二次鸦片战争和太平天国革命席卷大地河山的风浪，是风声鹤唳、草木皆兵的年代写照；《鸡尾集》和《鸥闲集》则是记录、反映战乱之后的情况和他晚年的生活。

郑献甫一生留下诗作三千多首。在当时的中国诗坛上，能与他比肩的诗人并不多。由于他在岭南各地办学主讲，他的诗作也在岭南各地流传，反响很大。

郑献甫在修志方面也取得了令人敬佩的成就，由他主编的《象州志》被后人誉为方志的佳作。《象州志》结构简明，体裁运用自如，记述风格简洁、典雅、有序、实用，为尚简派志书中的佼佼者。同治十一年（1872），已七十一岁高龄的郑献甫受广西巡抚刘长佑聘请，重赴桂林主讲孝廉书院。同年十月三十日，他病逝在桂林孝廉书院讲坛上。其墓位于象州县寺村镇水站村南面的大部岭西侧半腰，有碑联云："粤西一代真才子，岭表千秋古硕人"。

（潘茨宣）

## 朱琦：
## 桐城古文衍桂脉　岭西开先润五家

　　桂林城中央有两个水体相连的连心湖，称榕湖、杉湖。以阳桥为界，东为杉湖，西名榕湖。朱琦与吕璜、龙启瑞、王拯、彭昱尧并称"岭西五大家"，他们常在此吟咏。

　　朱琦（1803~1861），字濂甫，号伯韩，广西临桂人，其父朱凤森是嘉庆六年（1801）进士。朱琦自幼跟随在父亲身边，深受影响。道光十一年（1831），朱琦以乡试第一名中举，道光十五年（1835）中进士，授翰林院庶吉士，后历任编修、给事中、道台，直至监察御史。作为谏官，朱琦敢于直言，不畏权贵。后因与当权者不合，于道光二十六年（1846）愤而告归，主持桂山孝廉书院。太平天国起事后，朱琦以组办团练助守广西省城之功拔擢道员。咸丰十一年（1861），他总理杭州团练局守杭州，同年，太平军攻破杭州城，不幸死于混战之中。

　　朱琦青年时代的诗作《漯安河》，揭露了达官贵人在乡间作威作福、挥霍民膏的丑恶行径。出仕之后，他常在朝堂上指斥、揭露贪官污吏。河南开封遭受洪灾，民不聊生，他指出是贪官污

吏渎职所致。鸦片战争时，京城士人经常聚会议论时政，探讨学术，联络情谊，参与者大都为名宦、名士，其中朱琦经常发表严禁鸦片、改革吏治的主张。鸦片战争之后，朱琦有感于国势颓败，屡上疏论天下大事。他强烈呼吁改革现状，主张首先应亲贤远佞，重用人才，尤其要整顿国防，主张在军中严明奖罚，推行"知人善任""信赏必罚"的制度，强调"筹兵先筹饷，任谤兼任劳"，还主张废除苛捐杂税，惩处贪官污吏，鼓励农耕。他因切论时务，直言不讳，与陈庆镛、苏廷魁被并称为"谏垣三直"，加上金应麟，又称"四虎"。

朱琦当京官时，官场腐败之风愈演愈烈，政府权力、威信减弱，令行而禁不止。朱琦十分不满，但又无奈。如道光时赌博成风，"上自公卿大吏，下至编氓徒隶，以及绣房闺阁之人，莫不好赌者"（钱泳《履园丛话》），成为社会一大公害。道光二十五年（1845），朱琦以监察御史奏请"查拿赌博"，但毫无结果。由于敢于直言，朱琦在官场上一直受到排挤、冷落。道光二十六年（1846），朱琦因建议不被朝廷采纳，辞官回到家乡桂林。

朱琦回到桂林后，受聘于桂林著名的桂山书院（又称孝廉书院），任山长。教书育人之余，他协助梁章钜编校、刻印了《三管英灵集》，辑录唐宋以来广西诗作三千五百多首，为后世留下了一笔宝贵的精神财富。

朱琦工古文，早年曾从吕璜研习桐城派古文义法，而吕璜则师承桐城派大师姚鼐的弟子吴德旋。道光十九年（1839），朱琦在京又师从"姚门四弟子"之一的梅曾亮，所以文承桐城之脉，诗和古文深得桐城嫡派真传。他始终把"严于义法"作为恪守的原则，将敢于直言的"经世致用"政治思想、"汉宋兼采"的学术主张，作为创作的理论指导。

朱琦文章醇厚有味，但更重现实内容：《辩学》之指斥士风趋利，《名实说》之抨击大臣庸懦颟顸，都是有的放矢；抒情小品如《北堂侍膳图记》等，也都有真情实感。倭仁说他"学昌黎韩子之文而不袭其貌"，谭献说他"兼方、姚之长而扩其所未至"，都是指他不为师门家法所拘，有所展拓。

朱琦的诗歌在清道光、咸丰年间的诗坛上独树一帜。与他同时的著名诗人何绍基评价说："近海内能诗者，以伯韩为最。"朱琦学诗早年效仿白居易，后又学习杜甫，旁及韩愈及北宋诸大家。

他的诗以叙事见长，鸿篇巨制，纵横跌宕，于峭劲的铺叙中寓奔放之势。朱琦是一位关注现实、关心民生的爱国诗人，他的诗论和诗作都表现出现实主义精神。作品中多忧时愤世，反映民生疾苦，多为揭露统治阶级腐朽之作，如《河决行》《漯安河》《秋感》等。

朱琦遗有《台垣奏议》、《倚云楼诗》、《怡志堂诗》（八卷）和《怡志堂文》（六卷）等著作。

（潘茨宣）

# 龙启瑞：
## 学以精微通广大　知识渊博称大师

龙启瑞（1814~1858），字辑五，号翰臣。出生于广西临桂（今桂林市）的清代音韵学家、文字学家、文学家、目录学家，也是广西桐城派五大古文家之一。道光二十一年（1841）中状元。初授翰林院修撰，二十三年（1843）为顺天府乡试同考官，二十四年（1844）为广东乡试副考官，二十七年（1847）翰林大考，考取二等第七名，得以升任侍讲，同年七月提督湖北学政。道光三十年（1850），龙启瑞父亲过世，丁忧回籍广西。值金田起事，广西巡抚邹鸣鹤奏办广西团练，龙启瑞"总其事"。咸丰二年（1852），太平军攻桂林。龙启瑞率团练顽强守城，以功升侍讲学士。咸丰六年（1856），授通政司副使，旋任江西学政，次年迁江西布政使。江西府库空虚，勉强维持行政开支。天旱不雨，蝗虫四起，龙启瑞斋戒祈祷。咸丰八年（1858），病逝于任上。

龙启瑞降生时，正下着漫天大雪，取民间"瑞雪兆丰年"之说，遂名"启瑞"。龙启瑞天生聪颖，才思敏捷，幼年随父亲龙光甸宦游湖南溆浦、湘阴、黔阳（治今洪江市）等地，五六岁时就能背诵《三字经》《百家姓》和四书五经等儒家典籍，七八岁便会吟诗作对。当父母把他送到当地最好的联珠书院时，先生出了个上联，考这个名气大的小神童，启瑞不假思索，脱口对出下联，先生暗暗称绝，满意地收下这个学童。

龙启瑞之所以成为"神童"，环境的影响是不可忽视的。龙启瑞的家庭是书香世家。父亲龙光甸是举人出身，是清代有名的文字学家，著有《字学举隅》。母亲黎采苹更是有名的女诗人。龙启瑞自小受到父亲勤奋好学的影响，更得益于母亲严格的教育。桂林灵川县江头洲村的爱莲家祠有许多楹联，其中最有名的就是龙启瑞所撰的一联。

清代的广西省城桂林，自吕璜回乡传播桐城派古文义法后，古文创作活动日益兴盛。龙启瑞早年随吕璜、梅曾亮习古文，对古文经学、音韵、训诂、诸子等均有相当造诣，与吕璜、朱琦、彭昱尧等被合称为"岭西五大家"，在当时有很大的影响。龙启瑞曾说："方是时，海宇承平既久，粤西僻在岭峤，独文章著作之士未克与中州才俊争鹜而驰逐，逮子穆与伯韩、少鹤、仲实先后集京师，凡诸公文酒之宴，吾党数子者必与。语海内能文者，屈指必及之。梅先生尝曰：'天下之文章，其萃于岭西乎！'"龙启瑞又与王拯、苏汝谦合称为清代广西"三大中兴词人"，其诗词大多存于《浣月山房诗词抄》和《汉南春柳词抄》中。他常在杉湖"补杉楼"与同乡诗人唱和，为"杉湖十子"之一。

龙启瑞对音韵训诂多有建树，有较深的造诣，著有《古韵通说》二十卷、《尔雅经注集证》三卷、《经籍举要》、《经德堂诗文集》等。其《尔雅经注集证》至今还是研究古文的重要参考资料。

汉字"正字法"的真正复古是在清朝。清朝把八股文的格式、语气、用词的规定都详细到了无以复加的地步，同时，也对用字做了极为严格的规定，明确宣布，只许用"正体"字，不用"俗体"字，违者严办。

龙光甸为助考生应试，写了一部《字学举隅》，实用性、针对性都很强，大受学子青睐，刻印了数版。道光十八年（1838），龙启瑞"奉谕"重新编撰《字学举隅》一书，仔细辨正科举考

● 龙启瑞为灵川县爱莲家祠题写的隶书对联

试用字，指导考生如何使用"正字"，在父亲著作的基础上做了认真修订增补，重新刻印出版，影响更大，堪称清朝字体复古的典型。

龙启瑞重新撰写的《字学举隅》是根据《辨正通俗文字》增补改编的，分"辨似""正说"两部分。"辨似"是辨别形体相似的字，分"二字相似"，如刀、刁，爪、瓜，泊、泪等；"三字相似"，如漫、慢、谩等；"五字相似"，如办、辨、辩、瓣、辫等；以及"偏旁相似"：如抒、杼，诀、快，营、管等几类。"正说"就是辨别错别字和俗体字。

《字学举隅》从道光年间编印之后，很受应试者欢迎，数十年间就出了好几种校订增补的本子，一再翻印，并且还有在原书基础上扩充的《增广字学举隅》。

此外，龙启瑞还著有我国最早的国学书目《经籍举要》。著名古籍学家姚名达先生对龙启瑞《经籍举要》的历史作用给予了充分肯定，他在《中国目录学史·特种目录篇举要目录》中说："书籍繁多，初学者每苦不得要领，故举其要目，俾易着手，亦目录学之任务也。宋张洪、齐熙辑朱熹言论为《读书法》，略有此意，然尚无书目。清道光末，龙启瑞撰《经籍举要》，始择取诸生急需精读之书，略述其内容得失，指示读法……于经史子集之外，复以约束身心，扩充学识，博通经济，文字音韵，诗古文词，场屋应试六项分类，颇合初学之用，后张之洞之《书目答问》即仿其意而作者也。"

● 桂林市杉湖北部小广场上的"杉湖十子"浮雕

龙启瑞的《汉南春柳词抄》,许多好词达到"华实相扶""情采自凝"的境界,为晚清"临桂词派"的代表作。

龙启瑞还工书擅画。其画以山水、花鸟见长,其书法效法颜真卿。康有为看到过龙启瑞殿试高中状元的试卷,赞其书法曰:"昔尝阅桂林龙殿撰启瑞大卷,专法鲁公,笔笔清劲。"

龙启瑞是清代广西四位状元中影响最大的一位。从新中国成立时起,龙启瑞的书画精品和各时期代表作品,均被国家规定不准出境。

(潘茨宣)

## 蒋琦龄：
## 气愤如山死不平　至今读来带泪痕

道光二十年（1840）鸦片战争的枪炮声，似乎并未影响朝廷当年的殿试，蒋琦龄考中二甲第十八名进士，入翰林院，自后外放江西九江及陕西汉中、西安等地任知府，擢四川盐茶道。道光三十年（1850），任顺天府尹。

蒋琦龄（1816~1876），字申甫，号石月，全州县万乡龙水村（今全州县龙水镇龙水村）人，生于书香门第。在科举时代，该村共有十位进士、四十多位举人。咸丰十年（1860）英法联军入侵北京，咸丰皇帝匆忙逃往热河避暑山庄，次年八月死在热河，同治帝继位，有感于"时势艰危"，下诏对国事可以知无不言，务期各抒己见。

此时，蒋琦龄已被批准奉母回全州终养，但因太平天国余势未灭，南北道路通塞，他只好留滞泽州（今山西晋城）。他念及"累世食禄受恩"，加上这一年来奔波于兵戈道路，阅历颇多，便驰进著名的《中兴十二策》。

长达近两万字的应诏书，涉及晚清政体、吏治、赋税、用人

诸方面。他不怕触犯朝廷，大胆议论朝政得失，抨击种种时弊，陈述治理国家方略。其主要内容有：端正本，除粉饰，任贤能，开言路，恤民隐，整吏治，筹军实，诘戎行，慎名器，恤旗仆，挽颓风，崇正学。

在"端正本"一节中，蒋琦龄直指当朝最为重大，也最为敏感的问题，即恭亲王奕䜣如何处理议政王与两宫太后垂帘听政的关系。他列举顺治六岁继位，睿亲王多尔衮摄政；康熙八岁继位，则为索尼等四人辅政。他以非常委婉的口吻，分析恭亲王当今的处境，提出应对的两条建议。一是如临深渊，如履薄冰，不宜以周公、睿王（即多尔衮）自期。二是不独断专横，国事应各尽其言，虽贵和衷，尤贵和而不同；如有不合，应于帘前取舍；疑难重大之事，不妨集体决议。如此，则位虽高而不危，任虽重而不疑。

在"除粉饰"一节中，他提出以诚待天下。道光、咸丰年间，本是多事之秋，但朝廷事无巨细，却借口机密，往往闭而不宣；一切战乱、盗贼等不祥之事，都认为有损王朝形象，均严密封锁舆情；万不得已公开也玩文字游戏，饰以美名，如英法联军已打到国门，朝廷还对臣民封锁消息，咸丰皇帝逃到热河，也没有文书明告天下，以致谣传四起。他建议朝廷应与天下相见以诚，一些华而不实的"典章文物"，不妨缺略，"一切溢美之词，均宜删除"。他认为，与其让小道消息越传越走样，不如实事求是地告诉国人实情，以振作士气。

在"开言路"一节中，他写道：人人都好虚名而不喜实在。

国家遇到灾害时也求进言，一旦言之过直便记恨在心，将来再找机会秋后算账。他认为：言路通则唯恐言官之不言，唯恐言之不尽。由于文网高悬，禁区森严，言官们怕触忌，不肖者专谈鸡毛蒜皮，贤者也只好讲一些不着边际的空话。纳谏本来是美名，"今避所甚愿而予以所深忌"，这就非朝廷所愿了。再有就是抓住个别错话，趁皇帝生出厌恶之心，然后再找理由陷害言者。于是因人废言。自古朝廷重京官而轻外官，清王朝则反之。原因是京官清苦，外官油水多。当权者对那些平日不发一言的官员，调到京外任用；敢进言的则调回原衙门，让他们继续清苦。朝廷爱憎如此，有谁不看风使舵？于是，人人结舌吞声，势所必然。最可恶的是，谁提意见就让谁去践言。如果进言之臣一有做不到之处，就以其言行不符让其坐"冷板凳"。

在"恤民隐"一节中，他直指晚清常以治盗安民为名，巧立名目，搜刮民财。其中主要手段是津贴、抽厘、劝捐。他认为：当事者如果真能洁己奉公，搜刮所得尽归民用，则民间虽精疲力竭，犹视为分内之事。但美其名"括民以养兵，杀贼以安民"，而贼却越杀越多，是"贼未杀而民先死"。何况因劝捐、加税刮民脂，则会激起民变，还谈什么杀贼？今地方官员迫于饷馈，只顾大张网罗、广纵鹰犬，且以所得多寡为考核指标，下官仰承意旨，凭借威权，既饱私囊又可升官，则亦何乐不为，何所不至？他认为，用增加苛捐杂税的办法来助军，"究竟焦烂之余，所获几何？有类太仓之一粒，而民生重困所不忍言，富民转为穷民，穷民去而为盗"，最后的结果是"所得锱铢，所失山岳"。他认为

"民为邦本,人心未去,即天命长留",希望朝廷"宽一分,民受一分之赐"。

在"整吏治"一节中,他要求严禁捐班之滥。鸦片战争后财政支出大增,加上战争,国库空虚,于是广开捐例,京官自郎中以下、外官自道台以下,均可按价购买,官职变成商品。结果,产生大量腐败昏聩的官吏和骇人听闻的贪污现象。蒋琦龄认为:为政之本,必先人事。盗贼之起,是由于吏治之坏;吏治之坏,是由于仕途太滥。用人应用正途,即通过正当渠道提拔,但目前捐纳、军功太滥。南方苦兵(指太平天国),军功之员较多;北方安宁,卖官买官之势尤盛。蒋琦龄于庚申(1860)之秋路过保定,见当地买官的候用人员,终身无补缺之望,困苦穷饿,莫能名状,甚至有悔不该考中进士者。蒋琦龄认为,正途固多败类,捐班岂尽贤员?捐班之不贤者多来自殷富之家,皆官员子弟,久居衙署,养成桀黠之才。他建议朝廷酌情改选人事制度。

但是,已病入膏肓的清王朝并未采纳蒋琦龄的全部建议。《穆宗本纪》记载:"前府尹蒋琦龄应召,陈崇正学,疏通正途,限制津贴、抽厘、筹军实等十二策,议行。惟停养廉、查陋规,以妨政体,不许。"看来,百足之虫死而不僵的王朝,所谓下诏求直言,仍不免好名恶实。

史书称蒋琦龄"有匡时济变之略,综核名实之才"。他著有《空青水碧斋文集》《诗集》《尺牍》《楹联》等。今存。

(蒋钦挥)

## 冯子材：
## 萃军老帅重披甲　南疆长城空遗恨

冯子材（1818~1903），字南干，号萃亭（一作翠亭），是清代一位传奇人物：他经历道光、咸丰、同治、光绪四帝，堪称四朝元老；他活了八十五岁，近三分之二光景在军营中度过；他从四十五岁开始在广西、云南、贵州三省任提督，最后卒于提督任上，任统兵大员数十载而未升迁；他任广西提督近二十二年，是清代六十多位广西提督中任期最长者；他因长期镇压农民起事而为人不齿，却在中法战争中创造了镇南关（今友谊关）—谅山大捷而被追认为民族英雄。

冯子材祖上世居广东省南海县沙头圩（今属广州市），清朝乾隆年间，该圩遭受水灾，冯子材的祖父举家迁到今广西钦州城外沙尾村定居。冯子材便在这里降生，当时的钦州隶属广东。

童年的冯子材，生活过得十分艰辛。他四岁丧母，十岁丧父，与祖母、兄长相依为命，只读了两个月的书便辍学，为了活命，不得不随大人干贩盐、做木工、捕鱼摸虾、护送牛帮等重活，篱笆房被洪水冲垮后只好住进庙里，饥寒交迫，朝不保夕。

当时父母双亡后，舅父黎氏欲收养冯子材，被冯子材拒绝，祖孙日复一日地过着凄惨的生活。

十五岁那年，祖母不幸撒手人寰。雪上加霜，求生的欲望驱使流浪街头的冯子材操刀习剑，练就一身好武艺。借此拳脚功夫，冯子材为人放木排、做保镖，受尽凌辱。

鸦片战争后，两广地区反清武装风起云涌。冯子材与友人外出做生意，被天地会刘八部劫持，遂与反清队伍结下冤仇。脱逃后，冯子材投奔博白团总黄汝谐，充当勇目，协助黄围剿当地农民军，从此成为清朝的统治工具。

但是，黄汝谐贪功吞赏，冯子材失望之余，率众改投廉州（时属广东，治今广西合浦县廉州镇）知府，继之奉调高州清剿凌十八农民军，因作战勇猛，获八品顶戴。

太平天国运动爆发后，冯子材奉令募兵五百人，奔赴广西参与镇压。因有勇有谋，先后被提拔为外委把总、把总、补用千总。

● 冯子材像

太平军从广西北上后,冯子材作为广西提督向荣的部属,一直尾随太平军至江南。途中多次参加战斗,勇猛异常,免补千总而升守备、都司、游击、参将、副将、总兵,一路攀升,拾级而上。

咸丰十年(1860),四十二岁的冯子材在江苏镇江保卫战中,击退太平军的围攻,获赏提督衔,并督办镇江军务。两年后,以广西提督身份继续守御镇江,阻扼太平军从天京沿长江东下上海等地。

太平天国失败后,冯子材于同治四年(1865)奉命前往广东罗定、信宜剿灭当地反清队伍。两个月后事竣,始赴广西提督本任。此后十八载,冯子材在广西提督任上连连用兵,递次剪除各地反清武装,并三次率兵赴越南,追剿入越的反清队伍。

冯子材就任广西提督期间,弹劾过贪官污吏,伸张了正义。但官场风云险恶,当错综复杂的人际关系弄得冯子材晕头转向时,他只好告病还乡,暂时结束长达二十多年的提督生涯。

光绪九年(1883)底,中法战争爆发。清军在越南战场上节节败退,法军乘胜北上,叩我边关。国难当头,清朝上下孔急,地处抗法前沿阵地的两广总督、广东巡抚想到了赋闲在家的老将冯子材,起用他督办高、廉、雷、琼四府二十五州县团练。

因为官场腐败而称病告退的冯子材,见有立功报国的机会便摩拳擦掌,把团练总部设在自己家中,并将招募到的兵员改编成"萃军",取其大号"萃亭"之义。

随着边关频频告警,冯子材奉命率十营萃军从钦州开拔,奔

赴抗法前线。行抵上思，加招八营。这支共九千人的部队，军纪严明，马不停蹄地开赴指定的集结地。光绪十一年（1885）大年初一，行抵国门镇南关前，他与广西巡抚兼关外军务督办潘鼎新会面，共商抗法计策。这时，法军正乘余威向清军发动猛烈进攻，镇南关在冯子材抵达后第九天陷落，形势十分危急。清廷谕令冯子材帮办广西关外军务。

国门失陷，主帅潘鼎新落荒而逃，前线群龙无首。护理广西巡抚李秉衡召集诸将，推荐冯子材为前敌主帅。冯子材则把两个儿子带在身边，以便在为国捐躯时收尸。他带领各路将官勘察地形，决定诱敌深入，在关内与法军决一死战。

冯子材以六十七岁之躯，精心策划，亲身指挥，打得法军落花流水，一举反败为胜，创造了震惊时世的镇南关—谅山大捷。恰在此时，清政府却发布停战令，令冯子材及诸将士跺脚叹气，含恨撤兵。

中法战争结束后，冯子材奉旨督办广东钦廉（今属广西）防务，旋获太子少保衔、三等轻车都尉世职。

之后，冯子材奉命到海南岛镇压黎民起事，同时为当地经济、文化开发事业做了不少好事，被补授云南提督，旋赏兵部尚书衔，继续留办粤防。

甲午战争爆发后，冯子材请缨北上抗日，获准赴江南办防。途中闻《马关条约》签署，中国赔款失地，悲愤中电请北上决战，未果。

光绪二十二年（1896），冯子材与两广总督不睦，朝廷将冯子材调任云南提督。光绪二十七年（1901），冯子材被调离云南，改任贵州提督，他愤而告假，次年因病免职。

光绪二十九年（1903），钦廉一带会党蜂起，两广总督岑春煊又想到冯子材这位能员。于是，年已八十五岁的冯子材又起身田间，会办广西军务兼顾广东钦廉防务。夏间行军，途中中暑，牵引旧伤，同年，冯子材在南宁行辕辞世，结束了他迂回曲折而又闪耀光芒的一生。

冯子材虽是一名武将，且小时候因家里清贫，读书不多，但却深知办教育的重要性。光绪十六年（1890），他重建绥丰书院，院址在今钦州市第一中学，使当地学子免受失学之苦。

冯子材起家军旅，却也留下不少文化遗产，其中《军牍集要》十二卷最能体现其军事思想。

冯子材故居、墓茔成为钦州市的文化名片，用他的名字命名的道路、大桥、学校等成为钦州市特有的文化现象。

（黄振南）

## 岑毓英：
## 弃笔从戎好儿郎　　出关抗法保边疆

岑毓英（1829~1889），壮族，字彦卿，号匡国，谥襄勤，出生于有广西"省尾"之称的西林县那劳寨（今那劳镇那劳村那劳屯）。其长期治理西南政务，曾在美丽的台湾岛上留下政声，又是中法战争陆路战场上官阶最高的指挥官；云贵高原有其督军防边的脚印，援越抗法有其扬鞭策马的身影……而其"一门三总督"（岑毓英身任云贵总督，其弟岑毓宝曾任代理云贵总督，其子岑春煊多次出任总督）的家世，在壮族历史上绝无仅有。

岑毓英天资聪颖，十四岁时徒步到毗邻的云南省广南县读书，十七岁回乡考试，获得县试、府试、院试县学附生均第一名的好成绩，但因父亲患病被迫终止学业，回家侍奉老人。

恰在这时，太平军在广西桂平金田村揭竿而起，清政府下令各地举办团练。二十二岁的岑毓英被任命为西林县西乡团总，从此弃笔从戎。岑毓英办团练后得到官府赏识，被定为县丞人选，后因与人械斗，逃到云南当矿工。

云南回族反清烽火燃起，岑毓英加入清军福升的部队，连连升迁,从知县擢升为知州、知府,同治元年(1862)被任命为代理云南布政使,后又加按察使衔。同治七年(1868),岑毓英受任云南巡抚,进入地方大员之列。同治十三年(1874)兼署云贵总督。

接任云南巡抚前,云南长期处于战乱之中,岑毓英支撑危局,仅用几年时间便底定全滇。

在此基础上,岑毓英裁撤因战乱而设于各地的厘金、外省协饷、各局捐项,统一由省城司道理财。为解决战争造成田畴荒漠、民众衣食无着的穷乏,岑毓英筹钱向农民发放粮种,招徕流离失所的灾民回乡耕种丢荒的田地,减免各种税收。此外,还撤兵汰勇,整顿工矿业,经精心治理,云南全省生机渐露。

光绪元年(1875)马嘉理案在滇缅边境发生后,英国强迫清政府签订了《烟台条约》。在调查处理此案时,岑毓英巧妙地将杀马嘉理者归诸"野人",既维护了边境安全,又有效地保护了当地军民。事后,

● 岑毓英画像

他以继母病故为由,卸任回乡,躲避风波,体现了他高超的外交才华。

光绪五年(1879),岑毓英被授予贵州巡抚职。他复出后首先裁汰冗员,大刀阔斧地将全省一千余名官员砍去一半,剩下来的另一半还要经过严格考核。这样,全省办公经费从每年三百多万两白银降到一百八十万两。

在短短的两年黔抚任内,岑毓英安辑无家可归者,修建连接川、黔两省的乌江铁索桥,改写了乌江自古无桥的历史。

贵州建设刚刚起步,岑毓英又被调任福建巡抚,办理台湾防务。履职一年,他两次赴台,制订台防计划,调兵遣将,筑台北城墙,添基隆炮台,为即将到来的抗法战争做了必要的准备。同时,他还整顿吏治,赈济灾民;开山抚番,调整民族关系;疏浚大甲溪,并建桥其上;变更闽台航道,便利信息传递和民间往来。其治闽为时虽短,但成绩斐然。光绪八年(1882),他被擢升署云贵总督,翌年实授。

回到经营多年的故地,岑毓英以地方建设为抓手,裁减厘金,革除夫马,减轻百姓负担。接着招商引资,开矿富民,增加财政收入。在岑毓英的倡导和主持下,云贵两省因战乱、天灾造成的民不聊生局面得到了全面整治。

中法战争爆发后,岑毓英欣然请命,亲自带兵援越抗法。在战场上,他指挥西线战事,围宣光,攻临洮,切断越南陆路法军东西援应,为东路冯子材军在镇南关(今友谊关)痛创法军创造了有利条件。

● 岑毓英兴修乌江铁索桥图（清·陈鹉绘《岑襄勤公勋德介福图》）

战争结束后,岑毓英参与中越边界云南段的勘界工作。经与法方代表反复辩论,舌敝唇焦,争回了曾沦入越南的部分土地。

岑毓英重视文化教育。平定云南战乱之后,他立即恢复停了十五年的科举考试。为此,他筹捐款项,广修学校以课孩童,使云南的教育事业大受其益。他在昆明先后倡导或主持修建(复)大观楼、魁星楼、文庙、西山龙神庙、文笔塔、金马坊、碧鸡坊、忠爱坊等。

在贵州,他想方设法兴建苗学,培养少数民族人才。他在梵净山南麓大江口首创卓山书院,扩建省城的贵山书院(今贵州大学前身),每年追加一千一百多两白银作办学经费,并作联鼓励学子:"大任从劳苦得来,愿诸君皆以天下为己任;酬知在居恒造就,效蠹哲勿忘性内之良知"。

在故乡,他慷慨捐献廉奉银,支持广西贡院扩建考棚,添修号舍,增加边疆学子的月课膏火。岑毓英曾捐资重修家乡泗城府百色厅文庙。

岑毓英留给世人的文化遗产,除了主持编修《云南通志》和《西林岑氏族谱》两书外,还有《岑襄勤公遗集》三十卷(均为奏稿)。

岑毓英也能诗。传说他刚到昆明,在餐桌上有人欲试他诗才,他即席题诗:

素习干戈未习诗,诸君席上命留题。
琼林宴会君先到,塞外烽烟我独知。

> 剪发接缰牵战马,割袍抽线补征旗。
> 貔貅百万临城下,谁问先生一首诗?

他修缮大理大石庵后题写的楹联为:"负石阻兵,本菩萨心肠,显出英雄手段;画图擒贼,托神仙幻梦,竟成将帅功勋"。

岑毓英的书法功底也十分了得。他为昆明诸牌坊题写的"碧鸡""金马"等,为广南县陆姓进士题写的"进士",为通海县城聚奎阁题写的"冠冕南州",为涌金寺题写的"保我黎民"等匾牌,字体饱满,刚劲有力,给人饱学之士之感。

过完六十大寿之后,岑毓英除办理滇黔政务外,还离开云南省城到各地阅军。因久居边关,染瘴成疴,且长期行军作战,疾病缠身,在查阅营伍途中病发,一代"中兴名臣"岑毓英在云贵总督任上客死他乡。后遗体被运回广西省会桂林,葬于著名的尧山西麓。

(黄振南)

## 刘永福：
## 扬黑旗勇纾国难　守宝岛风骨雄奇

刘永福（1837~1917），字渊亭，又称刘二、刘义。

刘永福祖籍广西博白县，其父迁移到广东钦州防城司古森洞小峰乡（今属广西），与陈氏结婚生下刘永福。因生活无着，在刘永福五岁时又举家迁至广西上思州平福新圩八甲村，十三岁时又迁往迁隆州（治今宁明县那堪乡迁隆村）属之柜口村，后又迁往高凤村，直至晚年定居钦州城，一生颠沛流离。

咸丰元年（1851），太平军在广西桂平竖起反清大旗，各地农民纷纷揭竿响应，在生死线上挣扎的刘永福来到迁隆州加入郑三（钦州人）指挥的一支农民军。几经辗转，刘永福改投吴亚忠部。因机智勇敢，善于打仗，受到吴亚忠的器重，被委以统帅队伍独立作战。同治五年（1866），二十九岁的刘永福率部在归顺州安德圩（今靖西市安德镇）北帝庙祭七星黑旗，后以黑旗为军旗。

随着太平天国运动由盛转衰，清军卷土重来，广西农民军处境堪忧，黑旗军创建以后日子尤不好过。为了躲避清军的围剿，保存有生力量，求得一线生机，刘永福决定离开吴亚忠部，率三百名部下出关，到越南西北边境与中国云南交界的保胜铺（今越南老街省保胜县）"觅食"，在那里开山辟地，使原来的山区荒地长满了玉米、甘蔗、芋头、木薯和花生，地广人稀的保胜出现了生机。

当时越南北圻的六安州，恶霸盘文义为非作歹，鱼肉百姓，刘永福黑旗军和当地民众一起设计杀了盘文义，官民为之鼓舞，越南政府因此赏给刘永福"九品百户"衔。尔后，刘永福黑旗军继续配合中越政府，终于消灭了兵力十多倍于己的黄旗军，打出了黑旗军的军威。

同治十二年（1873）十一月，刘永福率黑旗军在河内市郊纸桥一带迎击法军，击毙法军头目安邺，取得第一次纸桥之战的胜利，越南政府授予刘永福副领兵衔。

尔后，刘永福以越南官军身份，与中国官军一道剿灭进入越南的黄崇英、李扬才等多

● 刘永福画像

股武装势力，越南政府授予刘永福权充三宣副提督，清政府赏其四品顶戴。

中法战争爆发前，军威大振的刘永福承担起了为越南御敌、为中国捍边的重任。光绪九年（1883）四月十三日，黑旗军再次在河内市郊纸桥伏击法军，法军司令李维业于此役殒命。

黑旗军本是清政府的掘墓人，却在特定的环境下发展成为抗法的主要力量，这是清政府万万没想到的。法国侵越是在蚕食清朝的藩属国，清政府惧怕唇亡齿寒，尤其是当法军染指越南北圻之后，入华的跳板已经架就。大敌当前，清政府不得不抛弃前嫌，利用黑旗军保藩固圉，于是给刘永福记功奖励，怀柔羁縻，同时派人收买、联络刘永福黑旗军，并暗中接济，供以军火兵饷。

光绪九年（1883）十一月，中法战火正式燃起，刘永福率黑旗军参战，从山西之役到北宁之役、宣光之役，均有出色表现。尤其是中法战争后期，在越南陆路西线战场上，黑旗军的英勇善战，令人传为佳话。

中法战争结束后，刘永福率军回国。被任命为南澳镇总兵，旋调署碣石镇总兵。于是，从反清起家的刘永福，成了清朝的一名官员。

甲午战争爆发后，刘永福率黑旗军赴台湾参加抗日斗争，表现相当出色。当清政府宣布将台湾割让给日本后，刘永福拒绝内渡，誓与日军进行殊死搏斗。拳拳爱国心，疆场放异彩。

晚年的刘永福，仍为反帝斗争牵肠挂肚，面对沙俄强迫清政府签约、面对德国强占胶州湾，已开缺回籍养疾的刘永福毅然重

● 刘永福塑像

组黑旗军,并出任河南省南阳镇总兵,当八国联军攻下天津、北京后,刘永福率部北上勤王。

光绪三十三年(1907),钦州"三那"(那丽、那彭、那思)爆发万人反清抗捐起事,年已七旬的刘永福对此表示同情与支持。起事失败后,刘永福为保护参加起事的群众做了大量的工作。

辛亥革命烈火燃起,刘永福加入同盟会,站到了推翻清朝反动统治斗争的队伍中。革命胜利后,七十四岁高龄的刘永福出任广东民团总长,获胡汉民赠予"见义勇为"匾牌。

1912年，刘永福目击时艰，欲纾国难，主动请缨抗俄。1915年又上书反对袁世凯与日本签订的卖国"二十一条"，这位七十八岁高龄的老将器宇轩昂，令人钦佩。

戎马倥偬，刘永福为反帝斗争忙乎了大半辈子，是近代中国不可多得的民族英雄。迄今两广民间"刘二打番鬼，越打越好睇"的传说，便是这位民族英雄充满传奇一生的真实写照。

刘永福尝够了没有文化的苦，所以敬重文化人。在越南抗法时，与请缨赴越的吏部候补主事唐景崧等知识分子过从甚密。刘永福虚心好学，晚年还聘请黄海安做家庭教师，并让黄记录由他口授的经历，写成《刘永福历史草》一书，成为中法战争史研究的重要史料。他书写的高达两米的"虎"字，一笔连成，刻在广州白云山能仁寺的一块石壁上，具有很高的书法价值。

1917年，刘永福溘然长逝，享年八十岁。

(黄振南)

## 唐景崧：
## 抗法抗日数请缨　从戎从教洒心血

唐景崧（1842~1903），字仲申，号薇卿，别号南注生、怡老等，广西灌阳县人。

唐景崧出身于一个贫寒的私学家庭，祖父是恩贡生，父亲是举人，与其弟唐景崇、唐景封三人先后中进士，钦点翰林。"同胞三翰林"被誉为中国科举史上的佳话。

同治七年（1868），唐景崧在三年庶吉士散馆后，被授为吏部主事。他在吏部待了十五年，郁郁不得志，但他建功立业的雄心壮志从不曾熄灭。

光绪八年（1882）三月，法军占领越南河内，威胁中国南疆安全，朝廷战和纷争。唐景崧闻悉，热血挺身，上折请缨。

唐景崧请缨获准后，只身离京。一路跋山涉水、沐风栉雨，终于在光绪九年（1883）二月十四日到达越南山西。在山西，唐景崧与刘永福相见，为刘永福出了上、中、下三策："据保胜十州为老巢，守山西为门户"，"然后请命中国，假以名号，据北图南，事成则王"，是上策；"提全师击河内"，"立名保身，无逾

于此",是中策;"株守保胜",是下策。刘永福采纳了他的中策,进驻怀德府。

在唐景崧的谋划和协助下,刘永福率黑旗军设伏于纸桥,大败法军,击毙法军司令李维业;七月十三日,刘永福率黑旗军取得怀德之战胜利;七月二十九日,刘永福率黑旗军在丹凤遭法军围困,唐景崧派亲兵驰援,再次大败法军。因唐景崧"往来边营,颇为出力",清廷嘉赏四品衔。

十一月中旬,法军在"和谈"烟幕掩盖下,大举进攻山西,唐景崧和刘永福苦战五日,城破退守兴化。

山西失守,北宁继陷,光绪十年(1884)二月,唐景崧返回谅山。唐景崧受命于危难之际,先被广西清军主帅徐延旭任命为帮办前敌功务,后任命为总理前敌营务,节制诸军。

七月,唐景崧按照两广总督张之洞的要求,用一个月的时间,组建"广东景字军"四营。八月,唐景崧遵命亲率"景字军"出关,奔赴抗法前线,艰苦跋涉,历经艰险,于十月初,到达宣光附近,在扫清外围防御后,唐景崧"景字军"与刘永福黑旗军、丁槐所率滇军并肩作战,围攻宣光,历时半月,先后六次攻坚。不仅给敌人以前所未有的沉重打击,而且为东线镇南关大捷赢得了宝贵的时间,创造了有利的战机。由于唐景崧在宣光之战有功,清廷嘉赏二品衔,赏戴花翎,赐号"霍伽春巴图鲁",并晋升他为福建台湾道兼按察使衔。

光绪十三年(1887)三月,唐景崧到任台湾道;光绪十七年(1891)十一月,唐景崧升任台湾布政使;光绪二十年(1894)

九月,唐景崧署理台湾巡抚。

唐景崧被任命署理台湾巡抚时,中日甲午战争爆发已经两个多月,台湾的形势十分紧张。唐景崧上任后,立即着手整顿军防,全面提升防倭保台的战力布防。

由于在慈禧以及李鸿章的失败主义方针指导下,中日甲午战争中国惨败,清廷被迫与日本签订《马关条约》,其中规定将台湾割让给日本。条约签订前,唐景崧忧心如焚,据理力争,反对割台;条约签订后,台湾民众纷纷拥入巡抚衙署,表示"愿人人战死而失台,同时决不愿拱手而让台"。唐景崧则将反割让、保主权当作头等大事,不断向朝廷申明台湾不能割让的万千理由,表达誓以死守的决心,企图挽狂澜于既倒,竭力筹划,想方设法阻止割台,同时全力布防,谋以武力阻止日军登岛。

正在唐景崧忙于反割让、保主权之际,清廷于光绪二十一年(1895)四月二十六日下达谕令:"署台湾巡抚布政使唐景崧,着即开缺来京陛见。其台省大小文武官员,并着饬令陆续内渡。"

四月二十九日,台湾士绅讨论筹备设防,决定成立台湾抗日政府,实行自主抗日。在成立大典上,他望阙叩首谢罪,面北受任,大哭而入,致电清廷说:"台湾士民,义不臣倭,虽为岛国,永戴圣清。"唐景崧发表告全体台民书,表达了他忠于清朝、维护祖国统一的坚定意志。

五月初六,日军从澳底登陆,乙未台湾保卫战正式打响。五月初九,日军攻基隆,分统令李文忠败溃。十一日,进入台北的必经之地狮球岭失守。唐景崧不得不退回台北意欲固守。是夜,

● 桂林市榕湖岸边的唐景崧塑像

台北大乱：日军悬赏六十万购唐景崧人头；黄翼德所部哗变；李文魁被日军收买，意欲将唐景崧捉拿送日军请赏；溃兵争相入城，客勇、土勇相互仇杀，积尸遍地；总统府火发，引起火药库爆炸……此时，台湾社会秩序已经完全失控，台北处于极度混乱之中，在生命危在旦夕的情况下，唐景崧不得已内渡。

唐景崧内渡后，被清廷"着即休致回籍"。光绪二十一年（1895）秋，唐景崧郁郁南归，闲居桂林，在榕湖之南筑"五美堂别墅"，转而将主要精力放在发展广西文化教育事业上：一是创新桂剧，成为桂剧奠基人；二是投身教育，开广西新学教育之端。其著有《请缨日记》《诗畸》《寄闲吟馆诗存》《谜拾》和《看棋亭杂剧》等。

光绪二十九年（1903）二月，唐景崧客死于广州，年六十一。

（文崇礼　蒋人早）

## 唐景崇：
## 受主知两朝帝师　　扶社稷晚清重臣

清朝将近三百年，造就了两位位极人臣的桂籍官员，一位是临桂陈宏谋，一位是灌阳唐景崇。

唐景崇（1844~1914），字希姚，号春卿，与其兄唐景崧、弟唐景崶创造了中国科举史上"同胞三翰林"的奇迹。

唐景崇少时读书勤奋，为学日进。同治六年（1867），二十三岁参加广西乡试，以第四名中举人；同治十年（1871），中进士，钦点翰林；同治十三年（1874），散馆授编修，从此步入官场。

唐景崇在翰林院做了十六年编修，潜心历练，直到四十六岁开始仕途的飞跃腾达，从光绪十六年至十九年（1890~1893），三年时间实现六迁，升五品十级。从光绪十九年到宣统二年（1893~1910）十几年间，唐景崇在朝廷六部先后出任过礼部、兵部、工部、吏部侍郎，署理过都察院左都御史，提督过浙江、江苏两省学政。宣统时期，唐景崇官至权力巅峰。宣统二年（1910），补授学部尚书。宣统三年（1911），出任国务大臣、学务大臣。

唐景崇"以绩学端品受主知,屡司文柄"。他居京任二品官十二年,皇帝钦派担任各种选拔人才的考官达三十三次。他先后出任过广东、浙江两省乡试正考官,将徐绍桢、徐锡麟、孙尔瓒等擢为举人;他担任会试大总裁,力主录取梁启超未果,将李家驹、骆成骧、赵炳麟、康有为等录为会元,后成为进士;他曾两度出任殿试读卷大臣,使张謇、尹铭绶、徐仁镜、夏同龢等脱颖而出。部试留学生,他担任主试官,负责考试命题、阅卷、评定等次等事宜;廷试留学生,他负责校阅试卷。在部试、廷试中,他选拔了章鸿钊、丁文江、李四光、俞同奎等一大批政治、经济、教育、科学、文化等方面的领军人物。

光绪十五年(1889),唐景崇出任《光绪会典》总纂,光绪十九年(1893),转任总校。唐景崇主掌《光绪会典》总纂、总

●唐景崇像

校十年，竭尽心力，一丝不苟，审慎编纂校订，圆满完成《光绪会典》的纂修工作。他进讲的清朝各代皇帝治国的历史典故与轶事及各国政略稿本，后经汇编成册，名《国朝掌故讲义》《西史讲义》。他官编修时，开始为《新唐书》作注，殚精苦思，钻研钩考，历三十年，唯缺《地理志》内羁縻州及《艺文志》，其余均已脱稿，其历法天文诸志，尤为精绝。民国二十四年（1935），由其外甥余棨昌将本纪十卷整理出版，书名《唐书注》。

为注《新唐书》，唐景崇有时为购买秘籍精本，不得不将家物典当而购书。督学江苏，外出视学，将节俭接待、不收礼物登入报端，晓谕各地，身体力行。《申报》感慨赞叹："宗师（唐景崇）洁己耐烦，志切兴学，摒除官样文章，实事求是……随从极简，亦无丝毫需索。士林咸称之。"

光绪二十六年（1900），唐景崇了解到与俄议约，"朝廷有万不得已之苦衷"，条陈练兵、筹饷、储备人才三事；光绪二十八年（1902），他闻悉朝廷财政拮据，条陈速定加税、免厘章程事，为疏解朝廷财政困境提出切实可行的办法；光绪三十一年（1905），在朝廷停止科举考试后，中国教育何去何从之际，他上奏专办学堂敬陈十事折，提出了办新学的设想和具体措施，为朝廷所采纳；光绪三十二年（1906），朝廷预筹立宪，他立上奏章"奏预筹立宪大要四条折"，他的建言，充分体现在后来颁布的《钦定宪法大纲》之中。

光绪二十九年（1903）八月，唐景崇奉旨以工部侍郎提督江苏学政。其间，他锐意毁旧学、办新学，经过近三年的努力，江苏新式教育取得长足发展，其新式学堂、学生数量迈入全国先进行业。宣统二年（1910），他出任学部尚书，总揽全国学务工作。他精心规划、全力推进普及教育；统一办学规范管理，解决了长期以来由于职能交叉、权限混淆而导致的矛盾冲突；推行《地方学务章程》，强化地方政府兴办新学权责；奏停实官奖励制度，真正使仕进与学途彻底分离，宣告了科举制度的终结；设立中央教育会，主持召开时间长达一个月的中央教育会会议，力谋沟通新旧，形成共识；立足癸卯学制，改订小学课程，厘正学制，改良私塾，颁布识字课本，检定两等小学教员及优待教员章程，强化留学生管理，注重女学教育，择定外国语文，推广官话，慎择教科书，拟订单级教授二部教授办法，加强师资培养，制订小学经费章程，奏定清华学堂名称，奏颁全国教育统计图表；等等。他的努力为民国的现代教育提供了一定的基础和条件，他是中国近现代教育的先驱和奠基者。

光绪三十三年（1907），唐景崇奉懿旨轮班进讲，主讲国朝掌故及各国政略。他通达治体，谙习国故，通晓各国政情，盛气敢言，撰进讲义，手书细楷，点画不苟。宣统元年（1909），宣统皇帝即位，他仍奉谕旨轮班撰拟进呈讲义并进讲。

宣统三年（1911）十二月，在宣统皇帝退位前夕，唐景崇引疾乞退，侨寓天津，杜门不出。民国初年，民国政府委任他为参政院参政，未就。民国三年（1914）初，他回到京城，受聘清史馆总纂，"愿与其役，以尽老臣之微忱"；九月，在《清史稿》开纂之际病逝于北京，享年七十。

唐景崇病逝后，民国大总统袁世凯对他给予了高度的评价："参政院参政唐景崇学术湛深，夙标闻望，当政体改革之际，赞助共和，勤劳尤著。"清廷赐祭葬，谥号"文简"。《清史稿》认为他是："贤者，不愧古大臣矣！"

（蒋人早　文崇礼）

## 于式枚：
## 兴教筑路精外语　鼎革游逸敢戏袁

于式枚是晚清的大才子，曾长期担任李鸿章的幕僚。他精通多门外语，是当时为数不多的翻译家。他还精通国学，擅长诗词，人称"桂海奇才"。

于式枚（1859~1915），生于广西贺县（今贺州）桂岭，字晦若。因父亲早逝，他自小在母亲的教诲下长大。他天资聪颖，记忆力惊人，加之母亲擅长诗词、书画、歌舞，少年时他便才情过人。母亲将他送到番禺，就读陈澧为山长的菊坡精舍书院。陈澧字兰甫，是晚清著名的经学家、史学家及地理学家，晚年自题著作为《东塾读书记》，故学者尊称其为"东塾先生"。于式枚有幸师从陈澧，更是加倍用功，常常夜倚枕坐如枯僧。于式枚文章做得绝好，学识与日俱增，成了菊坡精舍的高才生。

光绪五年（1879），于式枚参加广西乡试，中了举人。第二年，他又顺利考中进士。

中举那年，于式枚当了两广总督张树声的幕僚，专门负责文书机要工作。他勤劳能干，处理行政事务条理精当，撰写文章又

极富文采。第二年中进士后，进翰林院，三年后任兵部主事，为李鸿章赏识，调为北洋差遣。他在北洋任职十余年，李鸿章的奏章、文牍多是他起草。1916年，由于式枚拟稿、李鸿章生前亲笔改定的函牍影印行世，书名《李文忠公尺牍》。光绪二十二年（1896），掌握多门外语的于式枚随李鸿章参加俄皇加冕典礼，并出访德、法、英、美等国，这让他增长了新知识，并滋生了革新思想。回国后，他授礼部主事，后任员外郎、御史、给事中。光绪二十七年（1901），清帝赏于式枚五品京堂，充任政务处帮办提调、京师大学堂总办、译学馆监督。光绪三十一年（1905），于式枚出任广东学政，不久改任提学使。

于式枚作为广东主管教育的官员虽然只有两年的时间，但由于他的倡导和影响，广东、广西相继成立了一千所学堂，珠江流域向学之风大盛。光绪三十二年（1906），广西官绅陆嘉晋、梁济等联名呈报朝廷，设立广西全省铁路有限公司，推举于式枚为总办，负责规划、修筑广西境内铁路。此事得到工部左侍郎、灌阳人唐景崇的鼎力支持，很快获朝廷批准。

光绪三十三年（1907），于式枚升任邮传部侍郎。当时，政潮激烈，清廷下诏预备立宪，朝野上下都主张推行西法。不久，于式枚以考察宪政大臣的身份出使德国。在德国，他翻译了普鲁士宪法全文和两议院的新旧选举法。回国后，先后任吏、礼等部侍郎，总理礼学馆事，还任修订法律大臣和国史馆副总裁。

清末，内政腐败，外敌频侵，国弱民贫，各地人民纷纷起义。于式枚心灰意冷，于是辞职，出游辽宁、山东、江苏等地。他先隐居青岛，1913年清史馆成立，他担任纂修《清史稿》总阅。1914年，袁世凯欲聘他为参议，被他谢绝。

清末曾经有过历时长久的"立宪"和"反立宪"之争，于式枚属于"暂缓立宪"的一方。

于式枚曾经是出使德国的考察宪政大臣，由于他熟悉西方政治制度和社会人情，所以作为反对立宪激进派的代表人物，在当

● 于式枚塑像

时的官僚中具有很大的影响。光绪三十三年（1907）十月，于式枚陈奏，立宪必须以地方自治为准备。他说："查日本维新之初，即宣言立宪之意……最先整理行政及司法制度，其次整理地方行政制度。后八年乃设元老院及大审院，后十四年乃发布开设国会之敕谕，而先开设地方议会。"他奏请朝廷，立宪之事"不可因群言淆乱遂有急进之思，亦不可因民气喧嚣致有疑阻之意。当预备为筹备，循序渐进，先设京师议院以定从违，举办地方自治以植根本"。他以法国革命为例，说明立宪对中国可能具有危险性。他认为最大的危险，就是政府与国家的权威将因立宪条件下民众的干预而失落。这种判断，基于他对当时人们的教育程度的不信任。他认为"教育未能普及即予国民以参政权，最为危险"，"人情易动，则靖之实难。民智易开，则愚之无术"。他还认为无论德国还是日本，立宪取得成功的国家，均十分重视以本国风俗习惯作为立宪制度的基础。

于式枚用德国与日本立宪的成功经验来说明，只有采取"保守渐进为主"，才能取得成功。

光绪初年，李鸿章任于式枚为北洋大臣总文案。此时袁世凯仍是落魄青年，来李鸿章处谋职。李鸿章给了他一份只有微薄薪水的闲工，要他平时多向于式枚学八股制艺。袁世凯不读孔孟，年少轻狂，行为不端，多有丑陋。摊上此辈，于式枚暗暗叫苦。于是，他便逐日录下袁世凯的行为举止，并把它起名为《袁皇帝起居注》，以戏谑袁世凯为乐。若干年后，袁世凯得势，仍记得那本"起居注"。他担心上面记的丑事损坏自己的形象，多次向于式枚索要，于式枚硬是不给。辛亥革命后，军阀混战，袁世凯真的当"皇帝"了，更加想取回"起居注"，就绞尽脑汁，找人诱请于式枚到北京游玩。于式枚到北京后，袁世凯经常宴请他，还邀请他到"皇宫"居住了一段时间。其间，袁世凯多次以高官厚禄引诱于式枚"出山"当参议。于式枚感到不对劲，忙假装到花寺游玩，却直奔天津，再继续南下，逃出了袁世凯的势力范围。临行前，他留了一封信给袁世凯，里面有《浣溪沙》一首：

蹬足捶胸哭盾初，装腔作调骂施愚。可怜跑死阮忠枢。
包揽杀人洪述祖。闭门立宪李家驹，而今总统是区区。

明白地讽刺袁世凯，骂他派特务暗杀了宋教仁，却又假惺惺地装出一副不知情的可怜相，实在可憎可恨。当时，袁世凯手握雄兵，却对于式枚奈何不得。

1915年，于式枚病逝。

（潘茨宣）

# 岑春煊：
## 清末广西"东北虎" 开启民智办教育

岑春煊（1861~1933），原名岑春泽，二十七岁时听算命先生之言而改名。壮族，字云阶，号馥堂、炯堂老人，云贵总督岑毓英三子，生于广西泗城府西林县那劳寨（今那劳镇那劳村那劳屯），人称"岑西林"。

孩提时代，岑春煊先就读于泗城云峰书院（位于今凌云县城），后随父到云南省会昆明上学，光绪五年（1879）被送到北京读书。

因父恩荫，岑春煊由监生加捐主事，签分工部学习行走。光绪七年（1881）因病回家休养，光绪十一年（1885）乡试中举人，奉旨到部候差。光绪十四年（1888），旨授工部郎中。同年光绪帝大婚，委岑春煊充任帮办。光绪十五年（1889）父逝时得授五品京堂，守制期满后赴京任光禄寺少卿，旋迁太仆寺少卿，署大理寺卿。

甲午战争爆发时，岑春煊豪情满怀，上书请战，被指派到湘军统帅刘坤一军中，后又被派往烟台总理营务。清军战败，岑春煊愤而离京，回广西省会桂林闲居。时逢康有为在桂宣传维新变法，深为感动，遂加入上海强学会和北京保国会，并和康商议成立桂林圣学会。光绪二十四年（1898）陪七弟春荫进京考试，获光绪帝召见，趁机提出诸多变法主张，获光绪帝欣赏，授予广东布政使。

抵粤后，岑春煊进行大刀阔斧的改革，整顿吏治，反腐倡廉，弹劾贪官，就连两广总督谭钟麟也不在话下，开创藩司弹劾制宪的先例。这就得罪了大批权贵，被调任甘肃布政使。

但岑春煊反贪势不可挡，后来他出任两广总督，三年间共弹劾一千四百多名官员。调任四川总督时，计划一次弹劾三百多个贪官，被人称为"官屠"，与"财屠"张之洞、"民屠"袁世凯并称"清末三屠夫"。为此，外国人称他为"东北虎"，老百姓则叫他"包青天"。

光绪二十六年（1900）八国联军攻占北京，慈禧太后和光绪皇帝仓皇"西狩"，岑春煊率兵马从甘肃赶来勤王，亲自在破庙前持械站岗守卫。慈禧感激涕零，授予陕西巡抚，翌年调任山西巡抚，光绪二十八年（1902）改任广东巡抚，后擢署四川总督、署两广总督。光绪三十二年（1906）被任命为四川总督（未到任），翌年被任命为邮传部尚书，旋又外放为两广总督。

宣统三年（1911）发生铁路风潮，岑春煊以四川总督身份前往镇压。时值皇族内阁成立，岑春煊看到清廷不可救药，遂对保路运动采取温和态度，并通电辞职。面对湖北新军发动武昌起义，岑春煊顺应历史潮流，参与电请清帝退位活动。

袁世凯窃取辛亥革命果实后，岑春煊与之决裂，并加入国民党，在二次革命中被推举为讨袁大元帅，失败后被通缉，逃往南洋。

袁世凯称帝后，蔡锷等在云南掀起护国运动，岑春煊闻讯回国，途中转赴日本，借款置械。继而，两广护国军司令部在广东肇庆成立，岑春煊被推举为都司令。尔后，两广与云南护国军联合，成立军务院，岑春煊以副抚军长代行抚军长职，统帅两广、云南军队北伐讨袁。

1916年6月，袁世凯在全国讨袁声浪中病死，南北和议，护国战争结束，岑春煊回上海闲居。

1917年，北洋军阀宣布解散国会，废除《中华民国临时约法》。孙中山在岑春煊支持下，在广州成立护法军政府，抗击北洋军阀的进攻，孙中山为大元帅。1918年5月，军政府改组，将大元帅制改为总裁会议制，孙中山、岑春煊等七人当选总裁，岑春煊被推选为"中华民国护法军政府主席总裁"。1920年10月，岑春煊辞职回上海隐居，直至1933年病故。死后被安葬于上海虹桥万国公墓，"文化大革命"时墓冢被毁。

历史上一门三总督实罕见，岑春煊作为家中最后一位总督，先后三次出任四川总督、两次出任两广总督，还当过云贵总督、邮传部尚书等。辛亥革命后积极投身护国战争、护法运动，被誉为"再造民国的伟人"，影响超过创此家声的父亲，令人钦佩。

岑春煊从政后热心兴办教育，开启民智。1901年出任山西巡抚时，他将原山西大学堂和外国人办的中西大学堂合并为新的山西大学堂，开中西合璧的近代中国教育之先。他创办的山西农林

● 岑春煊像

学堂，成为中国最早设立林业科学的学校。

任四川总督时，岑春煊派胡峻赴日本考察，回来后开办四川高等学堂，继而开办四川警务学堂、四川武备学堂等，使近代教育在天府之国兴起。

任两广总督时，是岑春煊办学最多的时期。他先创设两广学务处，统筹规划两广地区教育事业的发展。为了培养师资，他先后创立两广师范馆、译学馆、广东女子师范、广西速成师范、尚德女子师范、两广游学预备科馆等。其创立的两广练习所，使各县劝学所所长和县立小学校长有机会集中到省城参加培训。而两广实业学堂、两广高等工业学堂、测绘专业学校、两广方言学堂、广东法政学堂、蚕业学堂、农林学堂等的设立，为培养两广地区各类人才做出了不可磨灭的贡献。

退出政坛闲居后，岑春煊仍念念不忘发展教育，还以其父的谥号在上海创办了一所"襄勤大学"。

岑春煊生前著有自传《乐斋漫笔》一书，加上后人编辑的《岑春煊文集》，构成研究其生平的重要史料。晚年他与崂山太清宫道长韩太初合编著名的琴曲《山海凌云》，尤能体现其多才。其书法作品数量多、技艺精，是收藏家追逐的藏品。

（黄振南）

## 赵炳麟：
## 满腔热血为报国　　只恨不遇识货人

赵炳麟（1876~1927），全州县绍水镇乐家园人。光绪二十一年（1895）进士，殿试时本来列为三甲，因他"策论熟娴如掌故"，光绪痛感甲午战争失败，故留心搜罗人才，破格提拔他和康祖诒（即康有为）为二甲，康为第八名，赵为第十一名。就在这一年，李鸿章签订《马关条约》，康有为在京发动各省举人一千三百多人，联名上书，要求拒和、迁都、练兵、变法。赵炳麟等广西九十七人参加了这次"公车上书"。

光绪三十二年（1906）八月，赵炳麟任福建京畿道监察御史，"年少气盛，蹈厉风发，遇事敢言，不畏权贵，有铁面御史之称"。他与同官赵启霖、江春霖，以气谊相许，不避权贵，弹劾贪官污吏，"直声震天下，时称三霖"，京城人又誉为"三块布袍论政"。

赵炳麟提升监察御史时，正值清政府搞"君主立宪"运动。赵炳麟到任的第二天，便上《论立宪预防流弊第一疏》，希望学习日本明治维新，立宪之初宜慎始慎终，并提出正纪纲、重法令、养廉耻、抑幸进、惩贪墨、设乡职等预防流弊的六条主张。从而一鸣惊人,"遂以名谏官闻天下"。

　　光绪三十一年（1905），其父赵润生去世,赵炳麟以丁忧回到家乡,"居庐墓间,查民间疾苦最悉",然后根据自己的耳闻目睹,对促使农民连年暴乱的根本原因,得出"广西频年匪乱,糜烂不堪,固由民生太穷,实由吏治太坏"的结论。他在《敬陈广西饬吏四条疏》中,对整顿广西的弊政提出了四条建议：尊正绅、达民隐、整团练、重命盗。

　　广西地处偏僻,山高皇帝远,贪官污吏作恶多端,任意欺压百姓,百姓含冤上控,其结果不是瘐死狱中,就是毙于杖下,尽管社会上怨声载道,而百姓却又无处申诉。赵炳麟认为,民隐不能上达,一个重要的原因是"广西官场最坏习气,莫如上控案件皆批回原州县自审"。因为民间冤案,大多是州官们参与制造的,各级官吏声气相投、官官相护,审批时稍弄笔墨就足遏民隐。批回原县结审"何异缚人而投之虎狼"。另一原因,是在广西要递进一张状子如登天之难,因为每一级门卫小吏见是控官词状,必不接收,或严词以吓之,或重贿以要之,所以平民百姓只好忍气吞声,不敢再告,使国家所设的督抚、检察司、道、府形同虚设。由此,赵炳麟主张凡控府者提府按问,控司者提司审问,不准批回原府审结。

　　在赵炳麟的谏台政绩中,最值得一提的是他光绪三十三年（1907）的《筹辽备倭疏》及《劾袁世凯疏》。他敷陈时势,洒洒千言,对日本侵略我国的野心以及袁世凯的培植私党、包藏祸心,洞言尤早。在《筹辽备倭疏》中,赵炳麟列举种种事实,指出日本在经历日俄大战之后,为养精蓄锐,外示和平,内怀兼并,"数年之后，为我大患者，其在日本"。他反复思虑，觉得"舍练兵以外，实别无对待之策矣"！练兵是要选忠勇而有作战经验的良将、诚朴勇壮的士兵，"练胆练心，如临大敌"；要求削减各项冗费，兴立海军，剔除过去江南、北洋机器制造局的种种弊端，改良枪支弹药。认为只有军事上强大了，外交上才有发言的余地。他又鉴于练兵需要巨款，民生凋敝，万难搜刮，提出"酌借外债，但使主权不失，归还有期"的建议。

光绪三十四年（1908）十月，两天之内光绪、慈禧太后相继死去，宣统帝即位。宣统帝之父、光绪帝之胞弟载沣为摄政王。赵炳麟与唐景崇十人同为宣统帝侍讲。这时袁世凯已任军机大臣兼外务部尚书，进入中枢领导班子，与首席军机大臣奕劻狼狈为奸，其权力炙手可热。御史们相继弹劾他，赵炳麟更是痛切陈词。他在《劾袁世凯疏》中，指出袁世凯留在军机是"国本未定，后患无穷"，并列举两大理由，一是袁世凯为人机械变诈，善构骨肉，光绪帝年且三十尚束手受制，终生郁结，今幼主年少，以此包藏祸心、罔知大义者久在枢垣，他日必生意外之变。二是破山中贼易，破朝中朋党难。今日袁世凯党羽虽多，但都是些富贵利达之徒，只要袁一出军机，还可以制服，若待其党根深蒂固，那时虽想除去，恐怕"唯有敢怒不敢言、俯首听其所为而已"。

但载沣畏惧袁世凯内外有援，只好以宣统帝名义下谕，以袁"患足疾"为由，令其回河南"养病"。

如此处置袁世凯，赵炳麟并不满意。他再上《密陈管见疏》，建议摄政王载沣宣布光绪帝手诏，即杀袁世凯；大赦党人，择其

良者任以国事；起用袁的对头岑春煊为典禁卫军兼军咨府，用张謇、赵启霖等为政府顾问兼授皇帝侍读；罢奕劻，专任洋务派首领张之洞主掌军机。当时载沣已经首肯，但张之洞因长期与岑春煊、康有为不和，则大力反对，此事未成功。

赵炳麟并不甘心，他明知同台好友赵启霖、江春霖之前因弹劾奕劻而被迫离开御史台，仍于宣统二年（1910）四月上奏《劾庆亲王奕劻疏》，列其十二大罪状，认为奕劻"贪庸亡道，负国背君，罪大恶极，天怒人怨"。奕劻乃皇室懿亲，论辈分，是宣统帝的叔祖辈，又是三朝元老，老奸巨猾且贪婪成性，时人将他比严嵩。赵炳麟由此得罪宗室。

尽管赵炳麟言辞恳切，但奕劻根深蒂固，摄政王载沣优柔寡断，此疏被他留中不报。

这时，全国各地大修铁路，广西巡抚张鸣岐上奏"请调御史赵炳麟回籍，督办桂全铁路"。清廷顺水推舟，借此下谕"着照所请"。赵炳麟虽爱家乡，但不愿离开御史这个岗位，乞求朝廷用其所长。后来，他才从徐世昌（民国时曾任总统）处获知，此时奕劻刚出任内阁总理大臣，张鸣岐为迎合奕劻，借名让赵回乡办铁路，实为被排挤回籍。当时，赵炳麟借诗言志道，"年来豪气半销磨，六载台垣一梦过"。他不知道，清王朝本来就不需要他这样的"铁面御史"！

赵炳麟1927年于北京逝世。其著有《赵柏岩集》，其中收集的晚清史料极为丰富。

（蒋钦挥）

## 周德润：
## 爱国谏官垂青史　中国寸土不能让

光绪九年（1883）十一月，中法战争爆发。中国以不败而败之结局收场。尽管腐朽的清政府让国人受尽屈辱，但官员队伍中不乏爱国者，来自广西临桂的周德润就是其中一位。

周德润（？~1892），字生霖。同治元年（1862）中进士，被选为翰林院庶吉士，主要在国史馆、实录馆、国子监、翰林院等机构供职。尽管比较清闲，但他没少关心国事，主张政府对外采取强硬态度，对内则要洞悉民情、为民谋福祉。

中法战争爆发前，法国殖民者占领整个越南，并窥视中国。此举让清政府不安，主战派与主和派为是否出兵争论不休，朝廷却一筹莫展。当此紧要关头，并未担任要职的周德润，先后十一次大胆上奏，坚决主张清政府主动出击，用武力将法国在越南的军事力量击溃，维护国家安全。

周德润首先阐述中法两国不可和谈，认为法国的目的不只是占领越南，而是企图通过这一跳板侵略中国。中法双方势不两立，若不采取行动，云南、广西大片地区将沦为法国殖民地。他严厉

批评了清政府妥协、摇摆不定的做法,认为应早做战争准备,争取主动。他还从政治、军事、外交和经济等方面论证中国取得胜利的可能性。

周德润的论述并非空洞无物的说教,而是根据敌我军事状况及地理、历史等因素进行综合分析,内容不仅涉及中法两国的军事、经济实力,还涉及刘永福和越南土兵等潜在的军事势力。奏言有理有据,令人动容。此外,他还说明中国不采取主动军事措施将产生严重后果。

他根据法国在越南的军事动向、中越交界地区的地理形势及中国军队的部署情况,对广东、广西和云南三省的军事行动方案,提出主动出击、联合作战的观点,认为只要各条战线同心协力,一定可将法军驱逐出越南,解除其对我国的军事威胁。

他的军事进攻与防御方案不仅涵盖两广及云南的陆路防务,还对海上战线的防御做了详细筹划。遗憾的是,清政府对周德润的军事方案并未采纳。清政府派出的将领在战争初期连吃败仗,法军一度打到中国境内,要塞镇南关(今友谊关)也被法军焚毁。直到老将冯子材亲自督军出战,取得镇南关大捷,中国战势才逐渐被扭转。这是自鸦片战争以来,清政府在境内陆地战场首次也是唯一一次重创西方列强的战斗。令人痛心疾首的是,清政府的决策者并未因军事上的胜利而争取更大的政治、外交主动权,而是走妥协退让路线,最终签订《中法新约》。面对这样的境况,周德润心灰意冷,深感清廷之无能与腐朽。

中法签订不平等条约后,两国根据条约规定,对中越两国的界线进行勘划。清政府鉴于周德润比较熟悉中越边境情况，任命他为勘界大臣，到广西、云南与地方要员岑毓英、张凯嵩等开展中越边界的勘划工作。

光绪十一年（1885）七月，周德润正式奉派处理勘划事宜。面对飞扬跋扈的法国勘界官员，周德润不卑不亢、据理力争、不让寸土。在多次的筹商、勘测中，他始终保持强硬态度，先后争取了划归越南管辖的二百多里土地（《临桂县志》说争取了"数百里"土地），用实际行动维护了国家的根本利益。

周德润还以铁面无私、敢于参劾腐败官员著称。无论是面对封疆大吏还是朝中权贵，只要发现有腐败渎职的情况，他都秉笔直书，大胆上奏弹劾。光绪七年（1881），江西巡抚李文敏、两广总督张树声等地方政要相互包庇，徇私枉法，殃及百姓，民众敢怒不敢言。周德润认为他们贪庸失职，徇私罔上，贻害百姓，就大胆奏劾。朝廷接纳了他的谏言，将上述官员一一惩办。后来他又发现梧州关税抽税混乱，浮收勒索现象相当严重，商民叫苦不迭。于是他又上奏，请求清廷予以查禁，减少商民负累。清廷采纳他的进谏，下令两广总督张之洞亲自督察，严加整顿，梧州知府也因此受到降职处分。此后，周德润的刚直不阿威震四海，谏官威名得以确立。

周德润对家乡广西怀有深厚感情，对广西民众疾苦更是异常关心。由于中法战争的消耗以及地方社会治安动乱，原本就是贫瘠之地的广西更加贫弱，民不聊生。周德润看到广西民众处于水深火热之中，心急如焚，多方寻求解决良策。他根据广西地理气候实际，大力倡导桑蚕养殖、兴农艺以改善民生。他的意见得到当时广西巡抚马丕瑶的赞赏，于是全广西推行种桑养蚕，这对整个广西的农牧业生产产生了积极影响。

从大胆陈言战争利害、提出策略到大力参劾庸糜官员，从力争寸尺疆土到体恤民情疾苦，位不高权不重的周德润忧国忧民之心始终不渝。晚清贪官污吏横行，如周德润般具有铮铮铁骨的官员寥若晨星。

光绪十八年（1892）十月，周德润逝世于任上。光绪皇帝发布上谕，对这位刚直官员的逝世表示哀悼。

（覃延佳）

# 后 记

◆

广西是一个美丽神奇的地方,早在一万多年以前,壮、瑶、苗、侗等各族先民就已经在这片土地上繁衍生息;广西的文明同样源远流长,而且具有独特的民族和地方特色。然而,不了解古代广西的人常常认为这里乃瘴疠肆虐的蛮荒之地。其实一游广西,便可感到这里山清水秀,人杰地灵。两千多年的发展史上,一批批广西人从这里走出去,一代代广西人名垂青史。通过对历史上广西籍历代著名人物的研究和传述,不仅可以反映当时的政治、经济、文化、军事和社会状况,还可以借此弘扬广西的历史文化,以期达到开阔视野、启迪思想,激发爱国、爱乡之情的目的。

《广西历代名人》是"文化广西"丛书史传系列中的一本。得益于本丛书的出版,我们有幸参与了本书的编写工作。我们力求用史料和故事,系统介绍秦汉至清末各时期具有代表性的政治、军事、文化等领域的广西历史人物,据实反映他们在修身、为人、治学、从政等方面的情况,以史实表现他们的功过是非。本书写的都是古人,但我们力求以活泼的叙述引领读者进入彼时彼地的时空,交友古人,为读者了解这些对广西文化产生过重要影响的

文化名人提供些许帮助。

追述前贤，虔敬和欣喜之情一直在心中涌动。但愿我们能够用文字充分地传递这份虔敬和欣喜。

本书的出版，得到广西壮族自治区党委宣传部有关领导同志的极大关心和支持，他们具体策划、主持和指导本书的编写工作，使得本书能够顺利完成和出版。我和相关文友具体执行了本书的组织编写工作，包括选入人物、拟订写作规范，并对全书进行最后的审定修改。参与本书编写的同志有（排名不分先后）：蒋钦挥、潘茨宣、康忠慧、潘大林、宾长初、黄振南、蒋廷松、文崇礼、蒋人早、蒋晓梅、刘汉忠、龚文颖、梁宇广、覃延佳。另有彭匈、虞达文两位著名文化学者曾对广西历史人物有所撰述，虽然他们二人已去世，但我们还是特地收入他们的几篇作品，以示纪念。此外，邓振福、冯辉、吴创宁、郑林、甘伟珊、黄振南为本书提供了历史人物塑像的摄影图片，张原海为本书提供了手绘插图。历史人物的画像或照片，则是选自其他书籍或网站。

由于时间仓促，水平有限，文章中如有错漏，敬请读者谅解！

蒋钦挥

2021年6月